Couvertures supérieure et inférieure
manquantes

MÉMOIRE

SUR

LE COEUR DE SAINT LOUIS.

Extrait du n° 96 (décembre 1843) de L'INSTITUT, journal universel des sciences et des sociétés savantes en France et à l'étranger; 2° section, sciences historiques, archéologiques et philosophiques; VIII° année.

PARIS. — IMPRIMERIE DE COSSON, RUE SAINT-GERMAIN-DES-PRÉS, 9.

MÉMOIRE

SUR

LE COEUR DE SAINT LOUIS

ET SUR LA

DÉCOUVERTE FAITE DANS LA SAINTE-CHAPELLE,

LE 15 MAI 1843,

LU A L'ACADÉMIE DES INSCRIPTIONS ET BELLES-LETTRES,

PAR

M. PAULIN PARIS.

PARIS,

TECHENER, LIBRAIRE,

PLACE DU LOUVRE, 12.

1844.

MÉMOIRE

SUR

LE CŒUR DE SAINT LOUIS.

Le cœur de saint Louis a-t-il été conservé? A-t-il été, dans ce cas, déposé en Sicile à Montréal, ou bien en France dans la Sainte-Chapelle? Telles sont les questions dont il eût été certainement *à propos* de s'occuper quand on découvrit, le 24 janvier 1803, sous l'autel de la Sainte-Chapelle, les restes d'un cœur enfermé dans une double boîte de plomb. Il est vrai que M. Camus, alors garde des archives de la République, sollicité par M. Terrasse sur l'importance de cette découverte, en avait jugé tout autrement que nous. Mais au nombre des qualités éminentes de Camus, ancien membre de la Convention, on ne saurait placer la passion, le culte des souvenirs monarchiques, et nous nous empressons d'ajouter que ce n'est pas là non plus ce que la République française devait exiger de ses fonctionnaires.

Voici la lettre que M. Terrasse avait alors écrite à M. Camus. Elle a déjà été publiée par un habile critique, M. Dubeux, dans le journal *Le Correspondant :*

Pluviôse an XI.

Citoyen,

« D'après les nouveaux renseignements que j'ai pris depuis
» deux jours, singulièrement des personnes ci-devant atta-
» chées à la Sainte-Chapelle, sur la découverte qui vient d'être

» faite dans cet ancien monument, tout me porte à croire que
» les restes déposés dans la caisse d'étain renfermée dans celle
» de plomb sont ceux du cœur de saint Louis ; et, pénétrés de
» respect pour la religion de nos pères, presque convaincus de
» cette assertion, nous venons, Touret et moi, de porter le tout
» dans la sacristie de la Sainte-Chapelle, et l'avons déposé dans
» une des armoires de cette sacristie, dont j'ai pris les clés que
» je ne communiquerai qu'aux personnes munies d'un ordre
» écrit de vous.

> » Salut et respect.

> » TERRASSE. »

M. Letronne a fait connaître un fragment de la réponse de
M. Camus. Le voici :

« Faites remettre les restes du cœur qu'on a trouvés, dans la
» terre, comme je vous l'ai indiqué. Joignez-y la note que je
» vous renvoie, écrite sur papier ou sur parchemin, ou sur l'un
» et l'autre. Il n'est pas *à propos* de parler des conjectures que
» c'est le cœur de saint Louis. Je n'y vois rien de détermi-
» nant ni de décisif, et il ne faut pas par des conjectures légères
» s'exposer à introduire des erreurs. »

Ces lignes éveillent quelques réflexions : parce qu'on ne
trouvait rien de *déterminant*, rien de *décisif* dans l'attribution
proposée, il semble qu'on ne risquait pas nécessairement de
propager des erreurs en faisant part de la découverte à tout
le monde, en appelant sur elle le secours d'une discussion ré-
gulière, approfondie. C'est ainsi du moins que notre savant
confrère, M. Letronne, aujourd'hui directeur des archives du
royaume, a jugé convenable de faire. Et que penserait-on de
lui si, le premier appelé à décider du sort d'un pareil objet,
trouvé dans le même monument, à la même place privilégiée,
il se fût borné à recommander aux employés qui recevaient de
lui des ordres de ne pas dire tout ce qu'ils pensaient de la
haute attribution de cet objet ; s'il se fût contenté de remettre sans bruit le cœur à son ancienne place, après avoir
cependant renouvelé la première caisse dont la vétusté semblait
déjà seule un titre à la vénération des antiquaires ? Certes, dans
notre compagnie, messieurs, dans les comités institués par les
ministres, dans toutes les sociétés archéologiques de France,

on s'accorderait à blâmer une précipitation aussi fâcheuse, aussi difficile à comprendre. Pourquoi donc n'exprimerions-nous pas aujourd'hui notre surprise des procédés de M. Camus? Et remarquons-le bien, en agissant ainsi, l'ancien garde des archives n'avait pas réuni les nombreux motifs d'incrédulité qui dernièrement ont paru décisifs à M. Letronne : il ne songeait alors ni à Pierre de Montreuil ni à Charles d'Anjou ; autrement, il eût affirmé, comme vient de le faire notre savant confrère,

1° que ce n'était pas le cœur de saint Louis ;

2° qu'un examen approfondi confirmerait l'autorité de cette conviction préalable.

M. Camus, au contraire, déclare qu'il n'est pas convaincu ; cela lui suffit pour recommander à tout le monde de se taire, pour opérer la destruction de la première caisse et pour rendre l'objet découvert à la retraite dont le hasard l'avait fait sortir le 21 janvier 1803 (A).

Je ne rechercherai pas ce que la deuxième caisse elle-même serait devenue si, quelques années plus tôt, d'autres que MM. Terrasse et Touret avaient eu la première connaissance de son exhumation. J'aime mieux me hâter d'avouer qu'après tout, la conduite plus ou moins précipitée de M. Camus peut fort bien n'avoir pas aggravé les difficultés de la question qu'il s'agit de résoudre. J'admets que la première caisse ne présentait aucune inscription et que les fragments de la seconde étaient, en 1803, tels que nous les retrouvons en 1843. S'il en avait été autrement, M. Terrasse père ne l'eût pas souffert en silence, et le danger de perdre ses fonctions ne l'eût pas arrêté. Ainsi, nous nous bornerons à souhaiter que M. Terrasse fils, aujourd'hui chef de section aux archives du royaume, veuille bien réunir toutes les notes que son père paraît avoir laissées sur les circonstances de la première découverte.

Dans le travail que je vais soumettre au jugement de l'Académie, je me propose de démontrer :

Que le cœur de saint Louis a été précieusement embaumé par les soins de Philippe-le-Hardi ;

Qu'il n'avait pas été donné à Charles d'Anjou, roi de Naples ;

Qu'il n'a pas fait l'objet d'un échange entre la Sicile et la France ;

Enfin, qu'il doit avoir été déposé dans la Sainte-Chapelle.

Commençons par mettre à l'abri de toute incertitude le fait de la conservation du cœur de saint Louis. Plusieurs personnes en effet, dont l'autorité nous semble grave, pencheraient à croire qu'aussitôt après la mort de Louis IX , on a pu négliger d'embaumer séparément le cœur. Le mot latin *viscera*, pouvant être pris dans un sens très étendu , comprendrait à leurs yeux les entrailles, le foie, le cœur, en un mot tout le corps de saint Louis à l'exception des os. Il nous sera facile de détruire cette première difficulté.

Le sens de *viscera* n'a rien à faire ici ; car le mot n'est employé par Guillaume de Nangis, ni par Geoffroi de Beaulieu, ni par Mathieu Paris, ni par le moine anonyme de Saint-Denis. On trouve à sa place celui d'*intestina*, dont on conviendra sans doute que l'acception est plus restreinte. Et, pour lever toute incertitude , Geoffroi de Beaulieu et le moine anonyme nomment et le *cœur* et les *intestins*, *cor et intestina*, de même que nos auteurs français , le *cœur* et les *entrailles*.

C'était d'ailleurs un usage parfaitement établi dès le milieu du XIIIᵉ siècle, et sans doute il remontait plus haut, de réserver le cœur de nos rois et des princes de la famille royale ; de le placer dans une caisse particulière et d'en faire don aux églises ou monastères fondés ou spécialement chéris par les illustres morts. On a retrouvé nouvellement, dans la cathédrale de Rouen, le cœur de Richard-Cœur-de-Lion, qui, dans son testament, en avait ainsi disposé pour donner aux Normands un témoignage de son affection. Le même prince avait ordonné que ses entrailles fussent envoyées en Poitou, pour marquer le ressentiment qu'il conservait de la déloyauté des barons de cette province.

La reine Blanche, mère de saint Louis , avait voulu que ses entrailles fussent portées à Taverny, son corps à Maubuisson, et son cœur dans l'église du Lys, « en témoignage perpétuel de l'amour qu'elle avait toujours porté à cette abbaye. » Tels sont les termes de son testament. Et puisque nous avons rappelé ce fait, nous citerons les paroles de Dom Durant et Martenne, dans le *Voyage littéraire* : « L'abbaye du Lys re- » connaît pour fondatrice la reine Blanche... On y con- » serve *sous l'autel* le cœur de cette princesse, qui voulut

» être enterrée à Maubuisson. » Si notre savant confrère, M. Letronne, veut bien remarquer la place choisie dans cette abbaye pour recevoir le cœur de Blanche de Castille, il cessera de mettre au nombre de ses plus graves motifs d'incrédulité la place qui, dans la Sainte-Chapelle, aurait été réservée au cœur de saint Louis. Car c'est précisément sous le pavé de cette église, comme dans l'abbaye du Lys, sous l'autel, comme dans l'abbaye du Lys, que nous prétendons le reconnaître. Remarquons aussi que Guillaume de Nangis, qui ne dit pas un mot du cœur de saint Louis, garde le même silence sur celui de la reine Blanche.

Pour revenir à la destination du cœur de nos princes, Thibaud, roi de Navarre et comte de Champagne, étant mort trois mois après Louis IX, à Trapani, ville de Sicile voisine de Montréal, « Quant l'âme se fust partie du corps, disent les Chroniques » de Saint-Denis, il fu commandé que les entrailles fussent » mises hors et qu'il fust cuit et conroyé de bonnes espices et » de flairans. Les entrailles furent mises en une église en la » ville de Trappes, et le corps fut embasmé et enveloppé et » mis en un escrin bien et gentement, et fut gardé avec le » corps saint Loys jusques en France. Si fut enterré mout honorablement au moustier des Frères-Meneurs de Provins (B). »

La Chronique de Saint-Denis n'en dit pas davantage, et M. Letronne, s'appuyant d'un récit parfaitement analogue, en a conclu que le cœur de saint Louis n'a pas dû revenir en France. Cependant on sait que le cœur de Thibaud, dont Nangis et la Chronique de Saint-Denis ne parlent pas, fut donné au couvent de Saint-Jacques de Provins qu'il avait fondé (1), tandis que ses os furent déposés chez les Cordeliers de la même ville, déjà gardiens du cœur de son père et de son frère. Au rapport de Joinville (2), il arrivait souvent à Louis IX de reprocher à son gendre Thibaud les libéralités excessives qu'il faisait à ce couvent des Jacobins. Le roi de Navarre aurait pu, de son côté, rappeler les sommes énormes dépensées pour la Sainte-Chapelle; car les torts étaient pareils, et sans doute les causes : Thibaud voulant léguer son cœur aux

(1) Grosley, Mémoires pour l'hist. de Troyes, t. I, p. 285.
(2) Hist. de France, t. XX, p. 19

moines de Saint-Jacques et Louis souhaitant pour le sien une place dans la Sainte-Chapelle.

Alphonse de Poitiers, frère de saint Louis, mourut en Italie, dans la petite ville de Corneto, peu de jours après le roi de Navarre. On ensevelit ses entrailles à Corneto, ses os furent transportés à Saint-Denis, et son cœur fut déposé près de la tombe de sa mère, la reine Blanche, dans l'abbaye de Maubuisson.

Tous les enfants de Blanche de Castille aimaient les Jacobins de Paris. Ce fut dans leur église que l'on déposa le cœur de Pierre, comte d'Alençon, autre frère de saint Louis; il était cependant mort à Salerne, et ses entrailles, chose remarquable, avaient été déposées à Montréal. « J'eslis, » dit-il dans son testament, « la sépulture de mon orde charogne aux Corde- » liers, et celle de mon maulvais cuer aux frères prescheurs de » Paris. Veulx que la tombe qui sera sur mon corps ne soit pas » de plus grande despense que de cinquante livres, et celle de » mon cuer de trente. » Ces détails ne sont pas indifférents quand il s'agit de trancher une question historique de la nature de celle qui nous occupe.

Je citerai encore l'exemple de Charles d'Anjou lui-même. Ce prince mourut à Foggia en 1285 : ses entrailles furent laissées dans la grande église de cette ville ; son corps fut déposé dans la cathédrale de Naples et son cœur fut transporté en France dans le couvent des Jacobins, comme nous l'apprennent tous les historiens contemporains, à l'exception pourtant de Guillaume de Nangis et des Chroniques de Saint-Denis.

Enfin, ainsi que nous le verrons plus loin, le cœur de Philippe le-Hardi fut également donné aux moines de Saint-Jacques, et comme si toutes les circonstances des obsèques du successeur de saint Louis étaient destinées à fortifier notre thèse, on n'a jamais su depuis en quelle place de l'église le cœur avait été enfoui. Peut-être si l'on avait cherché sous l'autel l'y aurait-on découvert, et peut-être encore aujourd'hui pourrait-on creuser utilement à la place que j'indique.

On voit, d'après tant d'exemples, qu'il m'eût encore été facile de multiplier, que l'on avait dû conserver séparément le cœur de Louis IX. Le silence même des historiens ne suffirait pas pour

nous persuader le contraire (C), et les deux témoins de la mort
du roi, Geoffroi de Beaulieu et Thibaud de Navarre s'accordent
à nous en fournir les preuves. Le corps de saint Louis fut ou-
vert en présence de deux de ses frères, Alphonse de Poitiers et
Charles d'Anjou, de sa fille Isabelle, reine de Navarre, de son
fils aîné, Philippe, de son gendre Thibaud de Champagne : à
cette douloureuse et imposante opération, il ne manquait, hélas!
et la postérité doit à jamais le regretter, de tous ceux que
Louis avait le plus aimés, il ne manquait que Jehan, sire de
Joinville. Supposera-t-on qu'en de pareilles circonstances et en
dépit de tous les témoignages historiques, on ait refusé à la dépouille mortelle d'un tel roi, d'un tel père, les soins que l'on
accordait aux restes de tous les princes de la famille royale ?
qu'on ait justement dédaigné de garder la partie du royal corps
qui devait être la plus vénérée de ses enfants et de ses serviteurs?
Mais loin de là : l'armée tout entière attachait tant de prix à la
conservation de ce cœur, qu'elle ne voulut pas confier à d'autres
le soin de le rendre à la France; il fallut renvoyer les religieux
sans le précieux fardeau qu'ils demandaient à transporter (D).
Nous ne nous étendrons pas davantage sur ce premier point de la
discussion ; il doit rester démontré pour tout le monde que
le cœur de saint Louis fut, aussitôt après sa mort, séparé des
intestins et embaumé avec toute la sollicitude et toute la piété
convenables.

Maintenant, fut-il cédé à Charles d'Anjou? fut-il laissé dans
l'église de Montréal ?

Suivant l'opinion que M. Letronne s'est rapidement formée,
il est certain, — il est hors de doute, — il est de toute certi-
tude, — il est incontestable que le cœur de saint Louis ne fut
pas rapporté en France. Mais oublions un instant l'autorité
de cet excellent critique, nous verrons à notre grande surprise
qu'un point de fait à ses yeux si clair n'a pas été générale-
ment accepté par nos historiens modernes. Leur conviction
n'était cependant pas fondée sur la découverte qu'on vient
de faire à la Sainte-Chapelle; toutefois on peut assurer que cette
découverte n'aurait pas été de nature à l'ébranler.

Les uns, comme Mézerai, Daniel, Moréri, Hénault, Lau-
rentie, Henri Martin, se contentent de distinguer les entrailles

données à Charles d'Anjou des ossements rapportés en France; les autres font une mention particulière du cœur, et voici dans quels termes. L'abbé de Choisy, Histoire de saint Louis, tom. 2, p. 149, in-4° : « Le cœur avec les os furent mis dans une quaisse, et dans une autre les chairs et les entrailles. Le prince Philippe voulait avoir l'une et l'autre; mais il se laissa fléchir aux prières du roi de Sicile, qui eut la chair et les entrailles qu'il envoya à Montréal. »

Dom Felibien, Histoire de l'abbaye de Saint-Denis, liv. v. p. 247 :« Les officiers du roi mirent le corps dans de l'eau et du vin qu'ils firent bouillir. Par ce moyen ils séparèrent les chairs des os. Les chairs avec les intestins furent donnés au roi de Sicile..; pour les ossements, après les avoir lavés, on les enveloppa dans un étoffe de soie remplie de parfums que l'on mit avec le cœur dans une quaisse pour estre envoyée en France... Philippe depescha aussitôt Geoffroi de Beaulieu et Guillaume de Chartres, pour aller en France ordonner des prières publiques pour le repos du feu roi son père. Il les avait chargés d'abord de porter la quaisse où étaient les ossements; mais il ne put se résoudre à se priver d'un trésor qu'il espérait devoir faire sa sûreté et celle de toute l'armée. »

Velly, dans son Histoire de France, M. Michaud dans celle des Croisades, et une foule d'autres auteurs moins autorisés, parlent dans le même sens et en termes parfaitement analogues, et si nous venons aux critiques de profession, nous ne trouverons que Jean Stilting, le bollandiste, qui ait cru devoir incliner vers l'opinion que M. Letronne a tranchée du premier coup d'œil.

Mais Adrien Baillet, dont l'opinion comme critique est certainement préférable à celle de Stilting, ne partage pas l'hésitation de ce dernier. « Les os du saint roi, dit-il dans la Vie des » saints (tom. vi, p. 216), furent mis avec le cœur dans une » caisse fort riche. Pour les chairs et les entrailles, le roi de » Sicile, Charles d'Anjou, fit tant d'instances auprès du nouveau » roi qu'il en obtint la disposition. »

Enfin une autre autorité plus recommandable encore nous autoriserait à ne pas décider violemment cette question au profit de Charles d'Anjou. Je veux parler d'un écrivain dont le jugement exquis, l'érudition consommée, la pénétration profonde, sont justement admirés de toute l'Europe savante. Le Nain de Tillemont a fait sur saint Louis un immense travail demeuré jusqu'à présent inédit et qui m'a toujours paru le chef-d'œuvre d'un homme dont tous les travaux sont d'un prix inestimable : Eh bien ! sur la comparaison longtemps méditée de tous les garants contemporains, Tillemont décide fermement, et lui aussi sans exprimer le moindre doute, que le cœur de Saint-Louis fut ramené en France. Voici comme il justifie cette conviction : « Geoffroi de Beaulieu dit que » le cœur de saint Louis fut enterré à Montréal avec ses en- » trailles; mais *cela ne peut pas être*, non tant parce que l'A- » nonyme de Duchesne dit qu'il fut porté à Saint-Denis avec » les os, que parce que le roi de Navarre, dans sa lettre du 24 » septembre 1270 à l'évêque de Tusculum, dit que les entrail- » les ayant été portées à Montréal, *li cors et li cuers* demeurè- » rent dans l'armée, c'est-à-dire les os et le cœur. Ce même » endroit, » ajoute Tillemont, « nous assure encore que ce ne » fut point Philippe et Charles d'Anjou qui apportèrent les en- » trailles en Sicile après la fin de la guerre de Tunis, comme » on le lit dans une chronique. » (Msc. de Tillemont, n° 2013 *bis*. Suppl. fr. de la Biblioth. du roi, p. 71.)

Tillemont me conduit naturellement à Geoffroi de Beaulieu dont le livre ne présentait pas, aux yeux du savant critique, tous les caractères d'un monument authentique et parfaitement sincère. Il faut dire ici quelques mots de la composition de ce livre. Nous avons conservé du pape Grégoire X une lettre par laquelle il invite le confesseur de saint Louis à rédiger un écrit des actions du roi, et particulièrement des plus secrètes. Il y travaillera secrètement, et quand il l'aura rédigé il le lui enverra sous le même secret : « Devotionem tuam ro- » gamus... *seriatim* nobis, et *secreto sub tuo sigillo*, quàm ci- » *tius* poteris, per *certum* nuntium scribere non postponas. » Volumus autem quod apud te verbum remaneat *nemini re-* » *ferendum.* »

L'ouvrage ainsi demandé dès le 4 mars 1272 fut-il immédiatement rédigé et *secrètement* envoyé? on l'ignore; mais le pape mourut le 10 janvier 1276, et l'on ne voit pas qu'un seul écrivain ait parlé de sa lettre ni de l'envoi de Geoffroi. Le confesseur étant mort, à ce qu'il paraît, avant lui, ce ne fut que longtemps après, c'est-à-dire quand on sollicita la canonisation de saint Louis, qu'on mit au jour pour la première fois l'ouvrage de Geoffroi de Beaulieu, suivi d'une addition de Guillaume de Chartres, autre clerc de saint Louis, moine jacobin comme Geoffroi, et mort, ainsi que Geoffroi, quand on publia cette addition ; car il ne figure pas sur la liste des témoins entendus dans le procès de canonisation.

Quoi qu'il en soit, le préambule du livre de Geoffroi de Beaulieu ne répond aucunement à la demande du pape. Le voici : « Ad divi nominis gloriam... et *multorum et magnorum preci-* » *bus inductus...* sanctam conversationem christianissimi regis » Ludovici quondam regis describere dignum duxi. »

La difficulté a été soulevée par Tillemont, et certes elle n'est pas de celles qu'il serait convenable de dédaigner (E). Geoffroi de Beaulieu, mort peu de temps après le saint roi, ne serait-il pas l'auteur de la vie de ce prince publiée sous son nom à l'époque de la canonisation ? La critique se verrait-elle à regret obligée de détruire l'un des fondements, sinon les meilleurs au moins les plus invoqués, de l'une des plus pures gloires de la France ? Nous ne le pensons pas. Ce livre offre, en général, un caractère de sincérité qui ne permet pas de le refouler au nombre des fraudes pieuses du moyen âge. Mais l'auteur ayant été surpris par la mort avant d'y avoir mis la dernière main, les jacobins ou les moines de Saint-Denis ont pu songer à le compléter. Ils ont pu le fortifier du préambule dont nous avons cité la première phrase, et des derniers chapitres dont il ne nous sera pas moins facile de démontrer la supposition.

En effet, le livre, qui contient cinquante-deux chapitres, devrait s'arrêter avec le quarante-deuxième, c'est-à-dire avec les phrases suivantes : « Si rationem vis doloris admittat, gau- » dendum potius quam dolendum, tum propter modum chris- » tianissimum mortis ejus, tum quia de ipso certa ab omnibus » vitam ipsius gloriosam et actus sanctissimos agnoscentibus, » spes habetur quod jam de temporalis regni cura sit translatus » ad cœlestis regni jocundam curiam, quæ curæ terrestris » extat penitus aliena ; ubi cum electis Dei regnans in per- » petuum, beata requie perfruitur sine fine. Migravit autem » ad Dominum in crastino beati Bartholomæi apostoli, circa

» nonam, anno Domini millesimo ducentesimo septuagesimo. »

A partir du quarante-troisième chapitre, l'intention et le style de notre auteur changent visiblement. Au lieu de nous raconter des faits secrets, intimes, on aborde les évènements publics, et on le fait en termes qui doivent accuser une rédaction moins ancienne. Ainsi, dans les chapitres précédents, Louis IX n'est guère autrement qualifié que *dominus rex, rex catholicus, sanctus, devotus*, et surtout *pius* : mais avec le quarante-cinquième, dans lequel on annonce l'arrivée de Charles d'Anjou à Tunis, l'épithète nouvelle de *beatus rex* cesse d'être en harmonie avec les sentiments que Geoffroi de Beaulieu, écrivant au pape, devait exprimer en 1272.

Dans le chapitre quarante-sixième, on parle des *ossa sacra* et des *sacras reliquias*.

Le quarante-septième chapitre contient le fameux passage, fondement unique de l'opinion de M. Letronne. On y trouve aussi les *sanctas reliquias*, et de plus une circonstance qui nous paraît inexplicable. « Quand nous revînmes en Sicile au » retour de Tunis, » fait-on dire à Geoffroi de Beaulieu, « nous » visitâmes l'abbaye dans laquelle étaient déposées les saintes re-» liques, et l'on nous donna l'assurance qu'un grand nombre de » miracles s'étaient opérés par leur intercession. » S'il est un fait incontestable, c'est le prompt retour en France de Geoffroi de Beaulieu. Il partit de Tunis le 12 septembre, accompagné de Guillaume de Chartres et de plusieurs autres, avec l'honorable mission de remettre aux régents du royaume le scel dont le nouveau souverain voulait qu'ils se servissent. On les avait en même temps chargés des lettres par lesquelles Philippe annonçait aux régents et aux grands vassaux la triste nouvelle de la mort de son père, et réclamait des envois d'argent. D'Achery les a publiées dans le *Spicilége*, et nous y voyons la preuve frappante de la diligence que dut mettre Geoffroi de Beaulieu à toucher les côtes de France. Comment donc aurait-il eu le loisir de passer, de s'arrêter en Sicile ? Comment n'y serait-il arrivé qu'après la pompe solennelle des obsèques du roi, réglée par Charles d'Anjou ? Tout cela est inexplicable. Car, de deux choses l'une : ou il aborda en Sicile sur le vaisseau qui portait les entrailles du roi, ou il traversa ces parages avant l'arrivée du bâtiment. Cette partie du récit est donc parfaitement controuvée; elle n'a donc pas été rédigée par Geoffroi de Beaulieu; elle a donc été ajoutée à son œuvre (F).

Dans les quatre derniers chapitres on parle encore des os *sacro-saints* et des *reliques sacrées*. Enfin on mentionne le recueil des miracles dressé par l'abbé de Saint-Denis : « Ex man-» dato domini abbatis S. Dyonisii fideliter sunt conscripta, » et prout dicitur, diligenter probata. » Mais il est certain que l'enquête faite à l'abbaye de Saint-Denis fut seulement commencée au mois de mai 1282, et que la liste des miracles ne fût publiée qu'à la fin du mois de mars suivant. Il y avait longtemps alors que Geoffroi de Beaulieu n'existait plus (G).

Cette discussion de textes n'est pas sans importance; comment, en effet, apprécier l'authenticité d'un témoignage historique, si l'on ne sait pas la date précise du témoignage, la position de l'auteur et les circonstances qui peuvent avoir exercé de l'influence sur l'expression de sa pensée? Il m'en coûtera peu maintenant d'avouer que les paroles dont on se prévaut ont encore une certaine autorité, bien qu'on ne puisse les attribuer à Geoffroi de Beaulieu. Elles expriment une opinion à peu près contemporaine; et (si elles se retrouvent dans le manuscrit du Vatican, comme dans celui de la Bibliothèque du roi,) elles nous prouvent que vers 1290, époque présumée de la publication du livre des deux confesseurs, des personnes graves pouvaient ignorer ce qu'était devenu le cœur de saint Louis, ou croire qu'il était demeuré en Sicile.

Quand Louis IX eut cessé de vivre, la première pensée des croisés n'avait pas été de revenir en Occident : tout semblait faire une loi de continuer la sainte expédition. En conséquence, on avait d'abord chargé plusieurs religieux, parmi lesquels se trouvait Geoffroi de Beaulieu, de ramener en France la dépouille mortelle de Louis IX. Car il n'était pas encore question de *corps saint*, de *reliques sacrées et miraculeuses*. C'étaient les restes d'un roi de France qu'il s'agissait de transporter à l'abbaye de Saint-Denis.

Le départ du convoi royal avait été fixé au 8 septembre; les lettres qu'ils devaient remettre aux régents du royaume étaient déjà faites et scellées du nouveau scel de Philippe III. Mais Charles d'Anjou ayant, dans ces entrefaites, remontré vivement la nécessité de terminer une guerre fatale, il n'eut pas de peine à persuader à Philippe que le premier de ses devoirs était de revenir dans ses États. Alors il fut décidé que le corps de Louis ne serait pas immédiatement renvoyé à Saint-Denis. On supprima les lettres écrites et scellées ; on retarda de quatre jours le départ de Geoffroi et de Guillaume, chargés maintenant, non plus de conduire en France les restes de Louis IX, mais seulement d'y porter la nouvelle de la perte que la patrie venait de faire, et de parcourir les provinces pour solliciter les prières du peuple en faveur du roi défunt.

Si la mort eût frappé le roi de France en terre chrétienne, on aurait certainement commencé par déposer les entrailles et même les chairs du prince dans la cathédrale la plus voisine. Voilà pourquoi Charles d'Anjou proposa de transporter tout ce qu'on ne pouvait préserver de la corruption sur la côte de Sicile, c'est-à-dire vers la région chrétienne la moins éloignée. A quatre milles de Palerme, il y avait une abbaye décorée du titre de cathédrale; c'est là que furent envoyées les entrailles du roi de France; et l'on peut assurer que Charles d'Anjou n'eut pas besoin de recourir aux prières pour décider Philippe à prendre un arrangement aussi convenable. Mais on n'en pressa pas moins le départ des religieux : pour ce dernier fait, nous n'avons pas besoin du témoignage de Geoffroi de Beaulieu ; les lettres de Philippe à l'abbé de Saint-Denis et les réponses de celui-ci justifient suffisamment le voyage de Geoffroi et la double mission qu'on lui avait confiée.

Il faut maintenant rapporter le récit transmis sous son nom :
« Ossa sacra corporis ejus, ex voluntate domini regis Philippi,
» debuimus nos et quidam alii ad hoc electi statim post obitum
» in Francia reportare : ... Sed postea, habito cum rege Siciliæ
» consilio ut credimus saniori, retinuit secum sacras reliquias
» dominus rex Philippus, confidens quod ex meritis sancti
» patris Dominus in bonum promoveret exercitum et ab infor-
» tuniis conservaret.

» Tamen carnes corporis ejus excoctas et ab ossibus sepa-
» ratas, nec non cor (1) et intestina ipsius petiit et impetravit

(1) On ne peut s'empêcher de remarquer ici que la phrase serait bien plus latine s'il y avait seulement, comme dans Guillaume de Nangis, *nec non et*

» devotus rex Siciliæ, a nepote suo rege Philippo ; qui suscep-
» tas sanctas reliquias, honorificè fecit eas in Siciliam depor-
» tari, et propè Palermum in nobili quadam et cathedrali
» abbatia præcepit recondi cum valde solemni atque devota
» processione totius cleri et populi terræ illius. Quando de Tuni-
» cio redeuntes et Palermum transeuntes, dictam abbatiam verè
» nobilem ac pulcherrimam visitavimus, audivimus sacrárum
» reliquiarum multa miracula, etc., etc. »

Voilà l'autorité sur laquelle on s'appuie pour affirmer que le cœur de saint Louis ne fut pas rapporté en France. Mais il faut bien considérer qu'elle est unique et que personne, dans le temps même, ne paraît l'avoir adoptée. Je sais bien que tout aussitôt M. Letronne ajoute : « Après l'attestation de Geoffroi de »Beaulieu, il est presque inutile de citer une lettre anonyme »contemporaine, mentionnée par Ménard, où il est dit égale-»ment que Charles d'Anjou emporta et fit mettre révéremment »en une abbaye, près de Palerme, le cœur et les entrailles. » Mais notre savant confrère eût certainement mieux fait de ne pas même indiquer un pareil auxiliaire. En effet, la citation n'est pas tirée *d'une lettre anonyme contemporaine*, mais d'une traduction de Geoffroi de Beaulieu, faite de 1476 à 1482, pour Charles, cardinal de Bourbon, et pour Jeanne de France, duchesse de Bourbon. Nous avons cité le texte de Geoffroi de Beaulieu ; voici les termes de la traduction : « Au regard de » la chair, du cœur et des entrailles du glorieux saint, qui » estoient cuites et séparées desdits os, le roi Charles, oncle du » roi, lui requist les lui donner, ce que sondit neveu lui oc-» troya, et les fist porter et mettre révéremment en une ab-» baye qui est près de *Salerne*, en une cité de Sicile, et » vinrent au devant à grande et solennelle procession tout le » clergié et le peuple de la terre. » Notre traducteur du quin-zième siècle pousse l'exactitude jusqu'à omettre, comme Geoffroi de Beaulieu, le nom de l'abbaye sicilienne. On voit donc que l'assertion de Geoffroi de Beaulieu ne cesse pas d'être

intestina, M. Letronne a pourtant pensé le contraire ; dans son Rapport au ministre, il a écrit que sans doute Guillaume de Nangis avait *dû* dire *nec non cor et intestina*. Je pense que les latinistes n'auront pas besoin de supposer deux substantifs pour justifier le *nec non et.*

unique et ne gagne rien à l'appui de cette prétendue *lettre d'un anonyme contemporain* (1).

Certainement il semblera plus naturel d'opposer aux paroles de Geoffroi de Beaulieu le silence de Guillaume de Nangis. Ce fameux chroniqueur, moine de Saint-Denis, chargé de rédiger officiellement les annales de France, écrivit l'histoire de saint Louis avant l'année 1297, puisqu'il n'y donne pas encore au roi le titre de *saint* ou de *bienheureux*. Il connaissait pourtant le véritable travail de Geoffroi, car fort souvent il s'est contenté, comme M. Letronne l'a fort bien dit, de transcrire le texte du confesseur jacobin. Mais ici vient encore s'offrir une preuve de la supposition des derniers chapitres de Geoffroi de Beaulieu, et j'avoue que je ne l'avais pas reconnue quand je commençai la lecture de ce Mémoire. Nangis a consulté pour sa *Vie de saint Louis* les actes originaux conservés à Saint-Denis et le livre de Geoffroi de Beaulieu. Or, son dernier chapitre est la transcription fidèle du chapitre quarante-quatrième de Geoffroi, de celui-là même que j'ai signalé comme devant être le dernier de l'ouvrage. N'est-ce pas une forte présomption contre la sincérité du reste?

On ne manquera pas de répondre que Guillaume de Nangis, ayant également écrit la vie de Philippe-le-Hardi, a pu juger à propos d'y rejeter les derniers chapitres de Geoffroi, qui précisément touchaient au règne de ce prince. Mais d'abord Nangis, dans la *Vie de saint Louis*, n'a pas fait scrupule de raconter plusieurs miracles faits sous le règne de Philippe; ensuite, la comparaison des textes n'admet pas cette explication. Dans la *Vie de Philippe III*, en effet, Nangis ne doit rien aux neuf derniers chapitres de Beaulieu : on n'y voit pas la mention d'un seul miracle : c'est une autre manière de juger, un autre style, d'autres faits. Cependant, chose singulière! la

---

(1) Voyez, dans la Biblioth. royale, le célèbre manuscrit des miracles de saint Louis, n° 8405. C'est le même que le père Malbranck, et après lui Quetif et Échard, citent comme renfermant une miniature du bon roi à genoux, recevant des coups de discipline sur ses reins nus (f° 11). Les artistes chargés de restaurer la Sainte-Chapelle devraient l'étudier aujourd'hui pour reconnaître le maître autel de la Sainte-Chapelle, dont il offre plusieurs représentations toujours identiques, à l'occasion des saintes reliques de la Passion qui y sont exposées et devant lesquelles Louis IX est prosterné.

phrase de Beaulieu sur laquelle notre savant confrère fonde son opinion s'y retrouve parfaitement isolée, de sorte qu'il est impossible de douter qu'elle n'ait été transportée de l'un des deux ouvrages dans l'autre. Je ne dirai pas quel doit avoir été l'emprunteur ; il nous suffit de remarquer que Nangis n'a pas joint dans son texte l'inconcevable mention de la remise du cœur à celle de la remise des intestins. Voici ses paroles : « Carnem tamen corporis excoctam et ab ossibus separatam » nec non et intestina ipsius petiit et impetravit Karolus, rex » Siciliæ. » Nous n'avons qu'une copie ancienne du texte de Geoffroi de Beaulieu, nous avons vingt copies contemporaines du livre de Guillaume de Nangis, toutes fécondes en bonnes variantes ; elles s'accordent dans la phrase que nous venons de citer. Ce n'est pas tout : Guillaume de Nangis, ou quelque autre écrivain de son temps, a traduit son livre latin en français, et la même absence du *cœur* se retrouve dans la traduction. Nangis a fait ou dirigé la rédaction des chroniques de Saint-Denis, ce monument pour ainsi dire irréfragable de l'histoire officielle au xiiie siècle : les chroniques de Saint-Denis admettent le même récit et gardent le même silence sur le don du cœur. Que faut-il en conclure, sinon que Nangis eut quelque raison de s'écarter en ce point du modèle qu'on lui impose? S'il a modifié le récit de Geoffroi, n'est-ce pas évidemment parce qu'il n'en admettait pas l'exactitude? M. Letronne en a jugé tout autrement. Voulant confirmer la vérité des paroles du confesseur quant au don du cœur, il invoque le récit de Nangis, qui précisément omet cette circonstance. « Nangis, » à l'entendre, « comprenait évidemment le cœur dans les intes- » tins... Il ne pouvait avoir d'autre opinion que Geoffroi. » Mais on ne voit pas bien comment le plus célèbre des historiens du xiiie siècle, le bénédictin, auteur de deux grands ouvrages sur saint Louis et sur l'histoire de France, ne pouvait penser différemment et plus sainement que le jacobin Geoffroi de Beaulieu. Ici M. Letronne n'a pas assez distingué la vie de saint Louis de celle de Philippe-le-Hardi; car, je le répète, dans celle-ci, rien de ce qui suit la phrase citée, rien de ce qui la précède, ne concorde avec le texte du confesseur. Par exemple les derniers chapitres de Geoffroi disent que Charles d'Anjou arriva au moment même de la mort du saint roi, *hora illa, et*

quasi momento eodem. Nangis, bien moins ami du merveilleux, se contente de dire : « Illo die quo Ludovicus rex migravit a seculo, *vel eadem hora, ut quidam referunt,* quâ spiritum exhalavit (H). » Puis, passant aux détails de l'embaumement : « Clien-
» tes vero et aulici et ministri quibus hoc incumbebat officium,
» corpus regis membratim dividentes, aquæ vinique admix-
» tione tamdiu decoxerunt, quousque ossa pura et candida à
» carne, quasi sponte, evelli potuissent. » Nous voilà bien loin de la copie servile de Geoffroi de Beaulieu. Voyons maintenant la traduction française : « Lors commanda que le corps
» fust apresté et conroié et oint de précieux oignemens.
» Ceuls à qui il fu commandé le cuirent et appareillèrent si
» comme l'en devoit faire. Quant il fu cuit et conroyé, li rois
» Charles demanda les entrailles à monseigneur Philippe, son
» neveu, si les fist porter comme saintes reliques en Secile et
» les fist mettre en un abbaye qui est apelée Montroyal. »
(Hist. de Fr., t. XX, p. 467.)

Je me suis vu forcé d'appuyer beaucoup sur ce qu'il faut penser du silence de Guillaume de Nangis ; car le prodigieux talent de notre confrère, l'art avec lequel il sait ménager des inductions et leur donner en les groupant une force inattendue, ne me laisse pas la liberté de lui en passer une seule. A diverses reprises, M. Letronne affirme que l'opinion contraire à celle qu'il défend « ne peut prévaloir contre les témoignages par-
» faitement éclairés de Geoffroi de Beaulieu et de Guillaume de
» Nangis. » N'est-ce pas une grande hardiesse de transformer en témoignage l'absence de tout témoignage? Dans un autre endroit, il dit que les paroles de Geoffroi de Beaulieu ne sont combattues que par une assertion *tout-à-fait unique,* et qu'elle est corroborée par deux *témoignages contemporains.* Or, ces derniers sont toujours le traducteur du xv⁰ siècle et le silencieux Nangis.

Prouvons maintenant que l'assertion contraire au sens du passage de Geoffroi de Beaulieu n'est pas tout-à-fait *unique,* comme l'a cru notre confrère. Lui-même, en effet, ne peut s'empêcher d'admettre deux autorités contradictoires (I), celle de Thibaud VII, roi de Navarre, et celle du moine anonyme de Saint-Denis.

Quant à l'autorité du roi de Navarre, « il est vrai, » dit M. Le-

tronne, « que dans une lettre il dit que le cuer et le cor demeu-
» rèrent en l'ost, car le peuple ne voult pas souffrir en nul ma-
» nière qu'il en fust portés, mais les Bollandistes observent ju-
» dicieusement que l'auteur n'est ici que l'écho d'un bruit que
» l'on fit répandre lors du départ de Charles, pour apaiser le
» mécontentement de l'armée. »

Admettons que Jean Stilting, le bollandiste, soit aussi tran-
chant qu'on nous le représente (1) ; est-il permis cependant
de regarder com.ne l'écho d'un vain bruit de l'armée déçue la
relation claire, touchante et vraie dans toutes ses parties,
qu'adresse à l'évêque de Tusculum, à un légat du saint Siége
en France, le roi de Navarre, gendre de saint Louis, celui qui
n'avait pas un instant quitté le roi vivant, ni Charles d'Anjou, ni
les restes précieux du chef que l'armée avait perdu ? N'est-ce
pas abuser d'un admirable talent que d'appuyer une dénéga-
tion sur des arguments de cette espèce ? Il me semble d'ailleurs
que M. Letronne a pris ici trop facilement le change sur le sens
d'une phrase importante de la lettre de Thibaud. En nous appre-
nant que l'armée ne voulut pas souffrir que les os et le cœur du
roi lui fussent enlevés, Thibaud fait allusion, non pas au présent que le roi de Sicile avait sollicité, mais à la dépouille mortelle que les religieux devaient reconduire en France. Cela
ressort du texte de Geoffroi de Beaulieu, et c'est pour satis-
faire à ces réclamations touchantes de l'armée qu'on fit embar-
quer les religieux sans leur précieux fardeau. Il est même permis de penser que Nangis n'a pas dit un mot du cœur parce
qu'il était moine de Saint-Denis ; et si le roi de Navarre en a
fait une mention particulière, c'est parce qu'il écrivait à Eudes
de Châteauroux, évêque de Tusculum, le même prélat qui
précédemment avait consacré la Sainte-Chapelle de Paris,
comme a bien voulu me le rappeler notre savant confrère,
M. Victor Leclerc.

Cela posé, que devient *ce bruit que l'on fait répandre lors du
départ de Charles*, pour apaiser le mécontentement de l'armée ? Quand le roi de Navarre écrivait, Charles n'était pas

---

(1) Præponderat apud me vel unius Gaufredi auctoritas, præsertim cum
fama potuerat spargi de corde retento, ad vitandum Gallorum murmuratio-
nem, indèque auctores memorati ad errorem adduci. (August., t. V, p. 547.)

parti, il ne songeait pas à partir. Il resta jusqu'au dernier moment en Afrique ; il fut la cause et l'instigateur du traité conclu avec le roi de Tunis, et longtemps avant la fin du mois de novembre, époque de son départ, les entrailles de saint Louis avaient été déposées dans l'église de Montréal.

On conviendra donc qu'il n'y a pas d'autorité qui puisse balancer l'affirmation d'un personnage tel que Thibaud, écrivant à un prélat tel que le légat du pape en France. Voici la partie de cette précieuse lettre qui se rapporte à saint Louis, comme on la trouve dans deux beaux manuscrits conservés à la Bibliothèque du roi :

« Thibaus, par la grace de Dieu, rois de Navarre, conte de Champaigne et de Brie, quens palaisins, à l'evesque de Tusculum (J), salut et lui tout.

» Sire, j'ai receu vostre lettre en laquelle vous priés que je vous fasse assavoir l'estat de la fin de mon très chier seigneur Loys, jadis roy de France. Sire, du commencement et du milieu savés-vous plus que nous ne savons ; mais de la fin vous povons-nous tesmoingner la veue des yeux, que en toute nostre vie ne véismes né ne séeusmes si sainte né si devote, en homme du siécle né de religion. Et aussi l'avons-nous oy tesmoingner à tous ceulx qui le virent. Et sachés, sire, que dès le dimanche à heure de nonne jusques au lundi à heure de tierce, sa bouche ne cessa de jour né de nuit de loer nostre Seigneur et de prier pour le peuple que il avoit là amené. Et là où il avoit jà perdue une partie de la parole, si crioit-il aucunes fois en hault : *Fac nos, Domine, prospera mundi despicere et nulla ejus adversa formidare.* Et moult de fois crioit-il en hault : *Esto, Domine, plebi tuæ sanctificator et custos.* Après heure de tierce, il perdi aussi comme du tout la parole. Mais il regardoit les gens moult debonnairement et faisoit moult de fois le signe de la croix. Et entre heure de tierce et de midi fist aussi comme semblant de dormir, et fu bien les yeux clos l'espace de demie heure et plus. Après il ouvri les yeux et regarda vers le ciel et dit : *Introibo ad domum tuam, adorabo ad templum sanctum tuum.* Et onques puis ne dist mot. Entour heure de nonne il trespassa. Jusques à lendemain que on le fendi, il estoit aussi bel et aussi vermeil, ce nous sembloit, comme il estoit en sa pleine santé, et sembloit à moult de gens qu'il voulsist rire. Après, sire, les entrailles furent portées à Montréal, en une église près de Palerme, là où nostre sire a ja commencié à faire moult beaux miracles pour lui, si comme nous avons entendu par l'archediacre de Palerme, qui le manda par sa lettre au roy de Sezille. Mais le cuer de lui et le corps demourèrent en l'ost, car le peuple ne voult soaffrir en nulle manière que il en fust portés. »

(Mss. de Saint-Victor, n° 886, f° 246, et Fonds du Roi, n° 7272, f° 159.)

Dans une communication faite tout récemment à l'Académie, M. Letronne a tenté de concilier les paroles de Geoffroi de Beaulieu avec celles du roi de Navarre, qui leur donnent un démenti formel. Mais, si je ne m'abuse pas, le prompt retour de Geoffroi de Beaulieu en France et l'exposition des véritables motifs de la résistance de l'armée ne permettent pas l'accommodement proposé. Il faut donc absolument le reconnaître, il n'y eut qu'un seul dépôt à l'abbaye de Montréal; l'envoi en fut fait peu de jours après la séparation des os et des chairs; il ne causa pas la moindre émotion dans l'armée. Et le cœur étant demeuré avec les os, il est impossible d'imaginer qu'on ait fait à Montréal une deuxième cérémonie, à trois mois de là, afin de l'y déposer. Concevrait-on, en effet, que l'armée, au mois de décembre, eût abandonné sans difficulté, sans murmure, le cœur dont elle n'avait pas voulu se séparer en septembre ! Il faudrait, pour justifier un fait aussi singulier, quelque témoignage contemporain, des inscriptions tumulaires à Montréal, ou pour le moins un passage de quelque histoire sicilienne : or, tout cela manque en même temps.

Passons au récit du moine anonyme de Saint-Denis. Sans doute, il n'a pas l'autorité ni l'importance de la lettre précieuse du gendre de saint Louis; mais il ne faudrait pas en parler avec mépris, comme le fait notre rigoureux confrère : « Il reste, » dit M. Letronne, « une vie fort abrégée de Saint-Louis, écrite » par un moine anonyme. On y lit que les os du prince avec son » cœur avaient été transportés en France et enterrés à Saint-De- » nis. Mais cette assertion *isolée* d'un auteur dont l'époque est » tout-à-fait inconnue pourrait-elle prévaloir contre les témoi- » gnages contemporains et parfaitement éclairés de Geoffroi de » Beaulieu et Guillaume de Nangis? »

Voici notre réponse à M. Letronne:

1° Cette assertion n'est pas isolée.

2° Ce moine anonyme était de l'abbaye de Saint-Denis, et pour éclaircir un point controversé de notre histoire, cela n'est pas indifférent.

3° L'époque où ce moine écrivait n'est pas aussi incertaine qu'on le dit. A la manière dont il parle du fils du roi, « Dominus » Philippus qui et ei, favente Deo, successit in regno, » on peut conjecturer hardiment qu'il écrivait dans les dernières années du xiii° siècle, ou bien au commencement du xiv°.

4° Son témoignage positivement exprimé doit avoir au moins la force du temoignage *non exprimé* de Guillaume de Nangis.

Voici déjà deux autorités positives contre Geoffroi de Beaulieu. J'en vais citer une troisième non moins grave: elle est fournie par un ancien manuscrit de la Bibliothèque du roi, qui contient, entre autres morceaux, une chronique française inédite que je recommande à MM. les membres de la commission des *Historiens de France*. Cette chronique s'arrête avec l'année 1300, c'est-à-dire au temps même où l'auteur écrivait; ses dernières phrases vont nous en donner la preuve: « Li rois Philippes fist » tant que li contes Guis de Flandres et ses enfans viendrent à » merci, et furent mis en prison. Et jaçoit que li rois Phelippes » soit digne de louanges, pour ce que l'escripture nous enseigne » que l'on ne loue nullui en sa vie, nous nous tairons atant de » luy et de la royne et de leurs enfans, et prierons nostre Sei- » gneur que il leur donne bonne vie et longue en leur royaume. »

Ce chroniqueur parle ainsi des obsèques de Saint-Louis nouvellement canonisé: « Li sains rois trespassa desoubs Cartaige... » et furent les os et li cuers aportés (K) en l'eglise monseigneur » Saint-Denis en France où notre sire a fait maint miracle et » fait encore. (Suppl. fr., n° 107, f° 102.) »

Ce n'est pas à titre de nouveau témoignage que nous citerons maintenant le texte des chroniques renfermées dans le m. 8305⁵. Il n'offre guère, en effet, que la traduction de Nangis. Mais, par l'orthographe du mot français qui répond au latin *intestina*, il nous permet de mieux reconnaître le motif du dépôt fait à Montréal: « Sitost que li rois de Secile vit son frère definé, il se » mist à genoilz et recommanda son ame à nostre Seigneur, en » priant qu'il eust pitié de l'ame à lui, et se prist à plourer.

» Lors, il commanda que li cors fust aprestés et oint de précieux
» oignemens... Quant il fu cuit, li rois Charles de Secile de-
» manda les *ventrailles* à monseigneur Phelippe... et les fist
» mettre en une abbaye de l'ordre de saint Benoist qui est ap-
» pelée Montréal. » (F° 258.)

Tant d'autorités doivent au moins balancer le rapport tout-
à-fait *unique* de Geoffroi de Beaulieu, ou plutôt, comme je l'ai
démontré, de son arrangeur posthume. Mais pourquoi davantage insister? M. Letronne a dit lui-même dans son Rapport au ministre : « Le cœur doit se trouver parmi les restes
» de saint Louis que contient l'urne de marbre blanc encore à
» présent placée sous l'autel doré, dans l'église de Montréal. Si
» le cœur ne s'y trouve pas, *ce qui est peu probable*, ce sera une
» preuve que ce cœur a été transporté en France. » Or, on sait
aujourd'hui que les recherches n'ont pas fait découvrir dans
les inscriptions, dans les châsses, ni dans les urnes de l'église
sicilienne, la moindre indication du cœur de saint Louis. Con-
cluons-en qu'il n'y fut jamais déposé. Non, le cœur de saint
Louis, séparé des os et des entrailles comme celui de tous les
autres membres de sa race, ne fut pas abandonné par un fils
pieux au souverain d'un autre pays que la France. Si, contre
toute vraisemblance, Philippe-le-Hardi s'était rendu coupable
d'une telle indifférence, on peut être assuré que Charles d'Anjou, possesseur du trésor, ne l'eût pas laissé dans une ville placée
à l'extrémité de son royaume ; il l'eût précieusement remis aux
clercs de sa chapelle royale à Naples, ou bien aux religieux du
Mont-Cassin. Comprendrait-on, d'ailleurs, qu'après avoir demandé, et bien plus, obtenu le cœur de son frère pour la Sicile, il eût légué le sien à la France, et qu'il en eût ordonné, par
son testament, le dépôt chez les Jacobins de Paris? Dans ce
rapprochement, tout choquerait les mœurs, les idées, les sentiments du xiiie siècle; tout, en un mot, serait inexplicable.

Maintenant, si le cœur de Saint-Louis n'a été demandé ni
reçu par Charles d'Anjou, s'il n'a jamais été déposé dans l'é-
glise de Montréal, il devient inutile de se préoccuper de la
possibilité d'un échange dont il aurait été l'objet, dans le xive
siècle, entre la France et la Sicile. C'est donc avec regret que je
m'éloigne ici de l'opinion soutenue avec tant d'éloquence et de
conviction par notre confrère M. Auguste Le Prévost. Voyez en

effet combien de difficultés! Cette relique nécessairement sacrée aurait été enlevée à l'église de Montréal, sans que les légendaires et les historiens contemporains en eussent fait la remarque ; la précieuse châsse aurait traversé, inaperçue, l'Italie et la plus grande partie de la France; Charles V, alors dans toute sa puissance, aurait dissimulé la négociation qui devait lui mériter le plus d'applaudissements. Et pourquoi tant de précautions? Dans l'hypothèse admise, le cœur n'avait-il pas été loyalement reçu par Charles d'Anjou? Le roi, de son côté, n'avait-il pas, en 1578, le droit de céder au profit de sa Chapelle, une des reliques achetées des propres deniers de saint Louis? Ici, le mystère eût été par trop indigne de la majesté royale, et c'est en donner une faible raison que d'alléguer la crainte des murmures et des réclamations de Saint-Denis ; car alors cette abbaye, dépossédée de la charge de transmettre à la postérité l'histoire contemporaine, ne tenait plus la monarchie en tutèle, et Charles V, qui venait, à l'époque où l'on place cet échange, de léguer son cœur aux Célestins de Paris, ne pouvait se laisser intimider par la crainte d'une résistance qu'il ne prévoyait pas, puis qu'elle était sans prétexte.

Deux champions ont été appelés pour justifier cette translation du cœur de saint Louis au quatorzième siècle. Mais leurs armes ne sont pas d'une trempe solide. Le premier est Jean-Louis Lello, auteur de l'*Istoria della chiesa di Montreale*. Cet écrivain avait, en 1597, entrepris une tâche souvent bien difficile : il voulait justifier l'origine de toutes les reliques de son église. Mais si Louis Lello se montre très empressé de faire valoir les moindres détails du pieux trésor de Montréal, ce n'est pas un motif pour nous d'ajouter à ses allégations une foi plus robuste, car nous donnerions ainsi trop beau jeu à toutes les explications de la *Légende dorée*. Que dit-il cependant? Qu'autrefois le corps de saint Louis était dans l'église réuni aux entrailles ; que la preuve s'en tire des dimensions de l'ancienne tombe consacrée à ces dernières. Nous admettons ce raisonnement: mais, remarquons-le bien, il est uniquement fondé sur la grandeur de la tombe; et quel rapport peut-on établir aujourd'hui entre cet objet évidemment destiné aux chairs et aux entrailles dont on parle, et la possession du cœur dont on ne parle pas?

Lello croit à la probabilité d'un échange entre le corps de saint Louis et l'une des pointes de la couronne d'épines. Mais, dans la présomption d'un pareil fait, dont on ne cite pas les garants, dont on ne précise pas la date, dont on ne rappelle pas les circonstances, il est assez facile de reconnaître un désir pieux de justifier l'authenticité de l'épine possédée. On savait, en effet, que la sainte couronne tout entière appartenait à la maison de France; et l'hypothèse proposée semblait admirablement expliquer comment une parcelle pouvait en avoir été détachée. L'existence de la grande tombe conduisait d'ailleurs à des inductions assez plausibles; car l'historien sicilien du seizième siècle ignorait les circonstances de l'embaumement de Tunis et comment, dans la prévision de la longue traversée, on s'était vu forcé de séparer les os et de réunir dans le même monument les chairs et les entrailles. L'inscription placée sur la grande tombe ne parlait d'ailleurs que des *entrailles*, et l'on ne devinait pas qu'en y déposant en même temps les précieuses chairs, on avait dû chercher à les disposer comme elles étaient avant que les os fussent séparés.

Voilà donc l'origine naturelle de la supposition de Lello. Mais il est certain que l'échange dont il s'agit n'eut pas lieu. Les chairs de saint Louis ne revinrent jamais en France, ni au quatorzième siècle ni plus tard, et l'historien de Montréal n'a montré, dans l'exposition de cette hypothèse, ni savoir ni critique. A l'entendre, c'est un roi Philippe qui dut procurer la translation, et le corps de saint Louis nous aurait été rendu longtemps avant la canonisation. Puis, ajoute-t-il quelques lignes plus bas, l'échange doit remonter à la fin du quatorzième siècle. Qu'on ne cite donc plus cet historien pour justifier la translation du cœur de saint Louis en 1378; car il ne dit pas un mot du cœur, et il en parlerait que son extrême *ignorance* de la chronologie n'ajouterait aucune autorité à l'un ou l'autre des systèmes en présence.

Le second garant de cet échange imaginaire est l'auteur de la *Sicilia sacra*. Mais il ne fait que répéter l'allégation de Lello; seulement au corps de saint Louis il substitue les *os*, ce qui ne prouve pas une ignorance moins grande des choses de la France. Voici le motif de ce changement : l'écrivain sicilien savait que Montréal pouvait encore prétendre à la possession du corps de saint Louis, il jugea donc nécessaire de porter l'allégation de Lello sur des reliques qui n'étaient plus dans cette ville.

Et maintenant, si l'on tient à connaître l'origine véritable de l'épine de Montréal, je dirai que Charles d'Anjou se trouvait à Paris et qu'il avait pris part aux fêtes pieuses données par le roi son frère à l'occasion de l'arrivée de la sainte couronne. Il avait donc pu recevoir en don l'un des aiguillons vénérés de cette couronne; et plus tard il a pu la déposer dans l'église de Montréal. Peut-être aussi l'épine de cette église avait-elle, comme bien d'autres parcelles de la couronne du Sauveur répandues dans les reliquaires monastiques, une origine vague et problématique. C'est à cette dernière conjecture que je demande la permission de m'arrêter comme à la plus vraisemblable.

Nous avons fait un grand pas en démontrant que le cœur de saint Louis avait été certainement ramené en France par Philippe-le-Hardi. Il nous reste à chercher en quels lieux on peut espérer de le retrouver.

Remarquons auparavant un fait des plus singuliers. Les miracles opérés par les mérites d'une foi vive et sincère devant le tombeau de saint Louis ont été regardés comme innombrables par les contemporains. Sa tête, ses bras, ses doigts, ses cheveux et ses ongles, tout ce qui lui avait appartenu, ont été l'objet de la vénération du monde chrétien. Ses vêtements devinrent une seconde providence pour les malheureux et les infirmes; il n'est pas jusqu'aux monnaies frappées sous son règne que l'on n'ait invoquées avec confiance. Une seule partie des reliques n'est jamais présentée aux malades, n'est jamais réclamée par les abbés, les archevêques, les chapelains ou les princes de la famille royale: c'est le cœur du saint roi. Dans le procès de canonisation, on cite quelques guérisons opérées à Montréal par le mérite des chairs et des intestins; vous y chercheriez en vain, je ne dis pas la mention du cœur, mais la moindre prétention au dépôt de ce cœur, dont la conservation nous est pourtant attestée par quatre historiens contemporains, savoir le roi Thibaud VII, le confesseur Geoffroi de Beaulieu, l'anonyme latin de Saint-Denis et le chroniqueur français de l'an 1500. Un pareil silence est fait pour exciter notre surprise : et bien qu'il soit possible de l'expliquer, ainsi que je l'essaierai, ce n'en est pas moins une singularité dans l'histoire du culte de saint Louis.

Mais s'il est permis d'affirmer quelque chose, c'est que le cœur ne fut jamais compté parmi les objets conservés à Saint-Denis. Placé dans tout autre endroit, on pouvait en perdre la mémoire, il pouvait échapper naturellement à l'attention publique, mais dans l'abbaye, gardienne habituelle de la dépouille mortelle des rois, rien ne saurait expliquer un pareil oubli. Je ne crois pas d'ailleurs qu'il y ait beaucoup d'exemples, et pour moi je n'en ai pas découvert un seul, d'un cœur séparément embaumé, qu'on aurait cependant laissé dans l'endroit affecté à la sépulture du corps. On retrouva bien, vers le commencement du xviiᵉ siècle, sous les dalles d'une fenêtre de l'église de Saint-Denis, le cœur du cardinal Louis de Bourbon ; mais cet abbé de Saint-Denis était précisément du petit nombre de ceux dont le corps ne reposait pas dans l'église. Il avait été transporté dans la cathédrale de Laon.

Non-seulement le cœur de saint Louis n'est pas mentionné dans les nombreux inventaires du trésor de l'abbaye, mais quand on ouvrit le tombeau de ce prince, quand, à l'époque de la canonisation, on exposa ses os réunis, on ne montra jamais son cœur. Plus tard, Philippe-le-Bel reclama vivement pour la Sainte-Chapelle la possession de tous les os sacrés de son aïeul, il ne redemanda pas le cœur ; et nous remarquerons que Guillaume de Nangis et le chroniqueur de Saint-Denis ont gardé le silence sur cette reclamation de Philippe-le-Bel. Nous la connaissons par la lettre de Boniface VIII à l'abbé de Saint-Denis, dans laquelle il l'engage en termes concis à se rendre aux vœux du roi dans cette circonstance. La lettre est de l'année 1298, mais on sent combien il serait important d'avoir celle de Philippe le-Bel qui l'avait sollicitée : peut-être se retrouvera-t-elle un jour dans les archives du Vatican ; peut-être y verra t-on que le principal motif des instances du roi était le dépôt du cœur fait précédemment dans la Sainte-Chapelle en conformité des vœux et du premier testament de Louis IX.

Au commencement du xvᵉ siècle, Charles VI fit ouvrir le

tombeau du saint roi : il distribua plusieurs parties des ossements à ses courtisans ; il ne vit pas, il ne réclama pas le cœur ; tant il est vrai qu'à Saint-Denis on n'avait jamais eu la prétention de le conserver !

J'ai dit que la place du cœur de Philippe-le-Hardi, dans l'église des Jacobins de Paris, n'avait pas été bien marquée et n'avait jamais été reconnue (1). J'ai dit que le cœur de la reine Blanche avait été donné aux religieuses du Lys, qu'elle avait instituées ; celui de Thibaud de Champagne aux Dominicains de Provins, qu'il avait fondés ; celui de sa veuve, fille de saint Louis, aux moines de Clairvaux, dont elle avait refait l'église ; celui d'Isabelle de France, sœur de saint Louis, à l'abbaye de Longchamps, qu'elle avait fait bâtir. Maintenant, dans quelle église sommes-nous comme involontairement portés à croire que doive reposer le cœur de saint Louis? Est-ce à Montréal en Sicile, ou bien à la Sainte-Chapelle de Paris? Supposons que le prince ait, durant sa vie, indiqué la place immuable de ce cœur, ne devinerons-nous pas tous à l'envi qu'il aura désigné la Sainte-Chapelle? Et même, à défaut de testament, d'expression intime de sa volonté, a-t-on pu négliger de le déposer dans un monument fondé par lui, pour y placer les reliques à ses yeux les plus adorables du monde, c'est-à-dire la couronne d'épines du Sauveur, le fer de lance qui l'avait percé, la croix sur laquelle il avait expiré et les clous qui l'y avaient attaché? On savait, en effet, que telle avait été la prédilection de Louis IX pour la Sainte-Chapelle, qu'il éprouvait toujours une sorte de malaise quand il entendait dans une autre église le service divin. Souvent il passait des heures entières étendu sur les dalles qui touchaient à l'autel, et toute la France était si bien dans la confidence de son amour passionné pour l'admirable édifice, qu'un poète, dans une courte pièce de vers composée à la nouvelle de sa mort, ne pouvait s'empêcher de s'écrier :

Chapelle de Paris bien ères maintenue :
La mort, ce m'est avis, t'a fait descouvenue,
Du milex de tes amis t'a lessié toute nuè.

(Msc. 7218, fo 341, vo.)

Ainsi, nous le voyons, au moment du retour de Philippe-le-

(1) Mercure de 1718, août.

Hardi, le sentiment général était celui qui de lui-même aujourd'hui se présente encore à notre esprit. S'il est une église dans laquelle semble mieux marquée la place du cœur de saint Louis, nous supplions qu'on nous l'indique.

Et, remarquez-le bien, toutes ces présomptions sont indépendantes de la découverte qu'on vient de faire. Elles auraient la même force, elles sembleraient aussi naturelles quand même M. Camus aurait jugé convenable de détruire, à l'insu de M. Terrasse, tout ce qui nous reste aujourd'hui de cette découverte.

Mais, cela posé, si, dans un endroit de la Sainte-Chapelle, les ouvriers viennent à soulever une caisse de plomb renfermant elle-même une seconde caisse d'étain ou de cuivre étamé; si cette deuxième caisse, en forme de cœur, couvre évidemment, dans une enveloppe de linge, les restes d'un cœur; votre imagination ne s'ouvrira-t-elle pas à l'espoir que là doit se trouver celui de saint Louis?

Ou bien votre première pensée, votre première conviction, sera-t-elle que ce n'est pas, que ce ne peut pas être un objet précieux, mais bien plutôt les restes d'un fripon qui aura su tromper, *après sa mort*, la surveillance active des gardiens, pour se ménager la plus honorable place dans la Sainte-Chapelle de nos rois?

Voici pourtant de nouveaux motifs d'espérance. La place ménagée pour contenir cette double caisse touche à la voûte de la crypte ou chapelle basse ; cette voûte n'est pas séparée du pavé de la chapelle haute par une épaisseur de plus de dix-huit pouces; et c'est à la superficie de cette épaisseur, et précisément sur la réunion des rains de la voûte, que l'on a fait avec autant de bonheur que de hardiesse une ouverture qui ne pouvait avoir moins d'un pied de profondeur, puisqu'elle contenait « une caisse longue, au rapport de M. Camus, d'un pied sur dix pouces de large et huit de profondeur. » Quand l'ouverture faite eut reçu le dépôt qui lui était destiné, on la ferma par une grande, simple et belle pierre blanche, dépouillée de toute insigne, de toute marque. Puis on rétablit l'ordre des ornements sacrés, c'est-à-dire que sur cette pierre vint retomber le centre du maître autel, où chaque jour on célébrait le service divin.

M. Letronne, négligeant ici tous les accessoires, se contente de dire qu'il n'est pas vraisemblable que le *cœur d'un saint aussi révéré ait été enfoui sous le pavé d'une église* ; mais il est fort probable, comme nous le disions tout à l'heure, que cette place avait été préparée et occupée plusieurs années avant la canonisation. Quel endroit, après tout, plus privilégié, plus durable que la base d'un saint autel ? N'est-ce pas celui que l'on réservait aux corps des saints et des évêques ? Et si la place est *inconvenante* pour le cœur d'un roi, dites-nous comment il se fait que Saint-Louis l'ait choisie précisément pour y mettre celui de sa mère, Blanche de Castille ? C'est en effet sous le pavé d'un autel que le cœur de cette grande reine reposait encore avant la révolution : il est vrai que c'était dans l'abbaye du Lys et non pas dans la Sainte-Chapelle des rois de France.

L'autel de la Sainte-Chapelle était entouré d'un berceau de colonnettes terminées en arcades gracieuses. Sur ce berceau, on exposait les saintes reliques pendant la durée du saint sacrifice, et c'est là qu'il était alors permis aux fidèles de venir les adorer. De sorte que, pour me servir des belles expressions de M. Auguste Le Prévost, « si une goutte du sang dont la couronne d'épines est imprégnée venait à se liquéfier et à percer ses enveloppes d'or, c'est sur le tabernacle de l'autel quelle devait tomber. » Et ce tabernacle reposait précisément sur l'humble pierre qui séparait la boîte de plomb de l'autel de marbre.

Ainsi donc voilà ce qu'on ne peut contester : d'un côté, le cœur de saint Louis précieusement embaumé avait été rapporté en France, et jusqu'à présent personne n'avait pu dire en quelle place on l'avait déposé. De l'autre côté, un cœur enveloppé d'un tissu rougi de quelques gouttes de sang, enfermé dans une double boîte de métal s'est trouvé dans la Sainte-Chapelle fondée par saint Louis, et sous le maître-autel, c'est-à-dire à la place la plus honorable.

Or, ce cœur, nous le reconnaissons pour celui de saint Louis, et nous allons examiner tout ce qu'on a dit, tout ce que même on pourrait dire pour nous empêcher de le croire.

L'argument le plus fort, sans aucun doute, c'est le silence absolu gardé par les historiens de la Sainte-Chapelle sur cette attribution. On a consulté tous les inventaires, on n'a rien trouvé qui mît sur la voie d'un dépôt de ce genre. On a pu même connaître, dit-on, le sentiment de plusieurs membres de la famille royale, et on l'a jugé contraire à la présomption qui nous paraît, à nous, si plausible.

Mais pourtant, quelque parti que l'on prenne, il se présentera des difficultés graves. Le cœur de saint Louis a été précieusement embaumé : qu'est-il devenu? Il a été rapporté en France : où l'a-t-on déposé? Les archives particulières de la maison de Bourbon éclairent-elles ce premier fait? Nullement. Les inventaires de la Sainte-Chapelle déterminent-ils l'origine et la destination de la caisse découverte? Pas davantage. On ne saurait donc rien conclure, en présence de l'objet trouvé, du silence de l'inventaire, ni de l'opinion attribuée, peut-être assez gratuitement, à l'un des membres de la famille royale.

Les inventaires de la Sainte-Chapelle constatent les reliquaires, les joyaux, les tableaux et les statues : ils indiquent le nombre et la valeur des objets précieux qui dépendaient de l'église : mais ils n'ont rien à dire d'une double caisse en plomb cachée depuis des siècles sous la terre, quand on s'avisa de les rédiger (L).

Il ne suffit donc pas d'affirmer que le cœur de saint Louis ne peut avoir été déposé dans la Sainte-Chapelle : il faut désigner le personnage auquel semblerait plus naturellement appartenir celui qu'on a trouvé. Par une sorte de prévention, on peut faire une réserve contre le nom du fondateur du monument, mais il en faut proposer un autre, car ce n'est pas avec des négations qu'on pourra trancher une question dont les éléments sont positifs. Et comme il n'y a pas d'exemple de personnages vulgaires dont on ait conservé séparément le cœur, il faudra, pour le moins, convenir que la caisse de la Sainte-Chapelle doit avoir été faite pour l'un des descendants de saint Louis.

Mais serait-il donc impossible de deviner pourquoi nous avions perdu la trace de l'endroit où le cœur de saint Louis aurait été déposé?

Deux hypothèses se présentent naturellement ici.

Je fonde la première sur les prétentions respectives de l'abbaye de Saint-Denis et de la Sainte-Chapelle. Jamais l'abbaye de Saint-Denis ne parut aussi jalouse de ses immenses prérogatives que sous les règnes de saint Louis, de Philippe-le-Hardi et de Philippe-le-Bel. Depuis un temps immémorial, elle avait le droit d'ensevelir les rois de France; depuis plusieurs siècles, ses reliques avaient le privilége d'exciter la ferveur universelle et d'attirer les pèlerins de toute l'Europe. Tel avait même été le concours des fidèles, qu'il avait fallu le soumettre à des règles et lui assigner des limites. C'est pour cela qu'on avait institué la fameuse foire du Landit, devenue bientôt le rendez-vous de tous les marchands, de tous les pénitents, de tous les malades. Mais la fondation de la Sainte-Chapelle, le motif de cette érection somptueuse pris dans le désir de loger convenablement les reliques de la Passion nouvellement arrivées de Constantinople, la prédilection ardente de saint Louis pour le chant et le service de ses chapelains, tout devait nécessairement éveiller l'inquiétude de l'abbé de Saint-Denis. Qu'allait devenir la confiance des fidèles dans les mérites de l'Aréopagite, quand à Paris la prière pouvait s'élever jusqu'au ciel du pied de la vraie croix et en présence de la sainte couronne d'épines? La ferveur allait donc nécessairement changer de direction et l'avenir de l'abbaye allait en être compromis.

Quand les anciennes prérogatives d'un corps sont menacées, on doit s'attendre à de vives résistances. Ce fut alors, en effet, que les religieux de Saint-Denis, rassemblant toute leur énergie, affectèrent des prétentions imaginaires pour remplacer le crédit réel qu'on voulait leur enlever. Matthieu de Vendosme gouvernait l'abbaye : c'était un prélat dont les éminentes qualités n'avaient pas échappé à saint Louis. Grand homme d'État, il ne préférait à l'intérêt public qu'un seul intérêt, celui de Saint-Denis; le roi, partant pour l'Afrique, l'avait choisi pour régent du royaume, au détriment de la reine Marguerite, son épouse bien-aimée. Quand le corps du roi défunt fut, en 1271, présenté par le pieux Philippe devant l'église de Saint-Denis, Matthieu de Vendosme refusa d'en ouvrir les portes, pour avoir remarqué dans le cortége deux évêques revêtus d'habits pontificaux. Ce n'était pas le moment de contester : les deux évêques consentirent à déposer leurs vêtements sacrés, et les os de Louis IX purent franchir le porche de l'église.

La conduite de Matthieu de Vendosme, à la mort de Philippe-le-Hardi, en 1285, n'est pas moins remarquable. Philippe-le-Bel, connaissant l'affection de son père pour les Jacobins de Paris, avait promis le cœur du roi défunt à ces bons pères. Quand les entrailles eurent été inhumées à Narbonne, et que le corps fut ramené à Saint-Denis, les Jacobins réclamèrent le cœur de Philippe. Matthieu de Vendosme refusa avec hauteur, et l'on peut croire que sans le scandale de sa résistance l'histoire aurait moins parlé du cœur de Philippe que de celui de saint Louis. Quoi qu'il en soit, voici comme les chroniques de Saint-Denis nous ont rendu compte de la querelle :

« Le roi fut conroié comme il affiert à tel prince : les en-
» trailles furent enterrées en la maistre église de Narbonne ; les
» ossemens furent apportés à Saint-Denis en France, et furent
» mis en sepulture d'encoste son père, le saint roy Loys. Mais
» ainsois qu'il fussent mis en sepulture, grant dissencion et
» grant descort s'esmut entre les moines de Saint-Denis et les
» frères prescheurs de Paris. La cause fut pour ce que le roy
» Philippe, le fils du bon roy, avoit donné et octroié ainsi
» comme depourveuement à un frère de l'ordre des prescheurs
» le cuer de son père ; pour ce qu'il fust mis au moustier des
» frères prescheurs de Paris.

» Les moines de Saint-Denis le vouloient avoir, et disoient
» que puisqu'il avoit eslu sa sepulture en l'église de Saint-
» Denis, son cuer ne devoit point *reposer ailleurs ne gesir*. Mais
» le jeune roi ne voult point estre desdit à son commencement,
» si commanda qu'il fut baillié et délivré aux frères prescheurs
» de Paris.

» Pour ceste chose furent meus à Paris plusieurs questions
» entre les maistres en theologie : assavoir mon se le roy povoit
» donner et octroyer le cuer de son père propre, sans la dis-
» pensation de son evesque souverain... Duquel cuer au roy
» Philippe il fut après déterminé par pluseurs maistres en
» theologie que le roy ne les moines ne le pourroient donner
» sans la dispensation du pape. »

Cette anecdote, on en conviendra, méritait d'être rappelée dans la discussion qui nous occupe. D'un autre côté, il ne serait pas téméraire de supposer que Philippe III, afin de prévenir des réclamations, et pour ne pas demander comme une faveur ce qu'il pouvait accomplir sans contrôle, eût, sans en faire l'occasion d'une cérémonie pompeuse, déposé lui-même ou fait déposer par ses chanoines le cœur de son père dans la place de sa chapelle royale la plus désirable pour un fervent chrétien. L'abbé de Saint-Denis qui pouvait, sans les approuver, connaître les intentions du feu roi, aurait alors évité de soulever des réclamations qui risquaient d'être mal accueillies. Et c'est pour ne pas donner trop de force à un pareil précédent qu'il aurait voulu plus tard (en 1285) résister aux prétentions des Jacobins sur le cœur de Philippe-le-Hardi.

Ajoutons une autre circonstance : saint Louis avait fait deux testaments ; le dernier seul, dans lequel il ne parle pas de sa sépulture, nous a été conservé. Geoffroi de Beaulieu qui cite fréquemment le premier, nous apprend que saint Louis y recommandait de ne faire aucune dépense pour son inhumation. Il l'écrivit avant de partir pour la première croisade et dans le temps qu'il faisait consacrer la Sainte-Chapelle par l'évêque de Tusculum. Peut-être retrouvera-t-on ce précieux document dont la perte est véritablement inexplicable, puisqu'il existait encore à l'époque où fut publié le livre de Geoffroi de Beaulieu. Peut-être y lira-t-on la disposition relative au dépôt de son cœur dans la Sainte-Chapelle, et tous les doutes seront alors nettement levés aux yeux de tout le monde.

Mais, toute plausible qu'elle puisse paraître, l'hypothèse que je viens de proposer ne me satisfait pas complètement, elle laisse subsister une difficulté. Comment, à l'époque de la canonisation, le cœur ne fut-il pas élevé de terre comme les autres reliques du saint roi ? J'ose espérer qu'une seconde explication semblera plus admissible encore et plus inattaquable.

Il faut se reporter à l'endroit de la Sainte-Chapelle dans lequel la caisse a été trouvée. La voûte de la crypte ou chapelle inférieure n'est, comme je l'ai dit, séparée du pavé de l'autel supérieur que par un appareil de maçonnerie fort mince. C'est au milieu de cet appareil qu'une place avait été ménagée pour le cœur qu'on vient de retrouver, et l'on ne peut s'empêcher de croire qu'on avait dû prévenir à l'avance le danger évident de cette excavation. Il en faut donc conclure que la place dut être disposée par l'ordre et sous les yeux de saint Louis, et je crois avoir le droit d'avancer qu'en achetant les premières reliques de la Passion, en leur préparant une demeure aussi somptueuse, le roi nourrissait l'espérance de mettre sous leur sauvegarde le cœur qui les avait honorées d'une dévotion si singulière.

Et, comme sa piété n'était égalée que par son humilité, je crois qu'il aura lui-même exprimé à son fils le désir d'être là secrètement caché; que surtout il l'aura conjuré de ne pas donner à son pauvre cœur une enveloppe riche ou somptueuse. Que lui importait la gloire et les vains souvenirs du monde? qu'importait même une inscription? Le Sauveur des hommes, tous les jours présent dans le sacrifice de l'autel, en aurait-il besoin pour le reconnaître. Louis avait donc pu recommander jusqu'à l'omission d'une épitaphe. « Ad laudem humilitatis ejus (dit Geoffroi de Beaulieu, dans un des premiers chapitres) spectat
» quod in extrema voluntate sua statuit et in testamento suo
» scribi præcepit quod super sepulturam ipsius defuncti nulla
» curiositas, nulla superfluitas fieret : ut sicut humilitatis exem-
» plum se exhibuit vivus, ostenderet et defunctus. » Paroles remarquables, si l'on se souvient qu'en 1272, et vingt-cinq ans avant la canonisation, un somptueux mausolée fut érigé à Louis IX par l'ordre de Matthieu de Vendosme. De sorte qu'il faudrait accuser Philippe-le-Hardi d'avoir, comme l'abbé de Saint-Denis, violé les recommandations bien connues de son père, si l'humble caisse déposée sous l'autel de la Sainte-Chapelle, ne venait aujourd'hui prouver qu'il les avait respectées.

D'ailleurs, il est aisé de comprendre comment, à l'époque de la canonisation, personne n'aura songé à tirer cette caisse de la place de prédilection qui lui avait été assignée. Pourquoi l'arracher d'une place aussi désirable pour un saint que pour un roi? Était-ce un moyen de mieux honorer la mémoire de saint Louis que de violer sa volonté dernière? et pouvait-on attendre de la châsse qu'on lui eût consacrée des miracles comparables à ceux que la foi devait demander avec confiance aux saintes reliques de la Passion? Ainsi, la Sainte-Chapelle n'ayant pas eu d'historiens dans ce temps-là, les générations oublièrent bientôt ce qu'était devenu le cœur de Saint-Louis; et, comme nous l'avons remarqué, il en fut de même de celui de

Philippe III, qu'on aurait peut-être retrouvé sous l'autel de l'église des Jacobins, si l'on avait pensé à l'y chercher.

Passons maintenant en revue les autres difficultés présentées.

La mince valeur des métaux employés pour la double caisse ne peut plus être invoquée depuis que M. Le Prévost a victorieusement cité l'exemple du cœur de Richard-Cœur-de-Lion, découvert dans la cathédrale de Rouen.

La grossièreté du tissu dans lequel est enveloppé le cœur doit être regardée comme une conséquence naturelle du choix des métaux. C'est peut-être d'ailleurs un morceau de la haire de saint Louis, et, dans tous les cas, nous avons l'espérance de reconnaître dans *cette grosse toile de lin ou de chanvre*, comme l'appelle M. Letronne, qui seul d'entre nous a pu la voir, de reconnaître, dis-je, un nouvel indice de la date du dépôt. Nous avons à la Bibliothèque du roi plusieurs manuscrits couverts en toile de serge ou de chanvre, et qui remontent certainement au règne de saint Louis ; on pourra comparer.

Mais, continue M. Letronne, aurait-on enfoui ce cœur sans l'accompagner d'aucune inscription, d'aucune marque distinctive qui indiquât aux âges futurs l'origine sacrée de cette relique ?

Nous avons déjà réduit de beaucoup la force de l'objection : quand le roi convoitait une pareille place, il ne songeait guères ni l'exécuteur de ses volontés, à la gloire humaine. Cependant, nous n'avons pas aujourd'hui trop bonne grâce à faire un reproche de ce genre à ce qui nous reste de la précieuse relique. Des deux boîtes qui la protégeaient, l'une a été détruite, celle qui pouvait avec plus de vraisemblance contenir l'inscription, et de la seconde on ne nous a laissé que le fonds ou le couvercle. Je ne veux plus revenir sur la conduite de M. Camus ; mais enfin, s'il y avait des mots tracés, ne devait-on pas s'attendre à les trouver sur la paroi circulaire qui joignait le fonds de la boîte au couvercle ? C'est là, ou mieux encore autour de la première boîte, qu'on pouvait espérer de lire : *Cor Ludovici regis.* Montrez-nous ces parois, restituez l'intégrité des deux boîtes, et votre objection pourra présenter quelque force.

J'y consens cependant. ...es deux caisses sont retrouvées, elles n'offrent aucune apparence d'inscription. Qu'en voulez-vous conclure ? Que le cœur renfermé dans cette modeste et cependant triple enveloppe n'est pas celui de saint Louis ? Dites-nous alors à qui, dans le moyen âge, il fut donné d'obtenir la gloire, bien plus que la gloire, le bonheur de reposer en pareil lieu et sous la protection de semblables reliques ?

M. Letronne a répondu à cet appel, et, pour se débarrasser de la concordance de tant d'inductions naturelles et convaincantes, il a recours, avouons-le franchement, à la plus arbitraire des suppositions. Dans cette Chapelle de nos rois, ce n'est plus un roi de France, ou même un prince de la famille royale, dont le cœur aura pu naturellement recevoir pareille destination. C'est un intrus, un individu quelconque, l'architecte du monument peut-être, lequel, en mourant, aura pris soin de recommander à l'un de ses héritiers de pénétrer furtivement dans la Sainte-Chapelle, de déplacer le redoutable autel, de lever les dalles du sanctuaire, de pratiquer une ouverture dans l'étroit espace contigu à la voûte inférieure. Tout cela fait, l'héritier imperturbable aura glissé à cette place le cœur de l'ambitieux testateur. Voilà vraiment un singulier moyen de lever tous nos doutes sur la récente découverte ! on objecte que Pierre de Montrueil était mort quatre années avant saint Louis ; que son cœur n'a pu être mis à part secrètement, dans une intention de fraude ; qu'il n'a pu, dans l'espoir de mieux se recommander à la miséricorde divine, commander à ses héritiers de se rendre complice d'un énorme abus de confiance. A ces objections, que M. Letronne a prévues sans doute, il se contente de répondre, « que ce n'est là, après tout, qu'une conjecture qu'il est peut-» être aussi difficile de prouver que de détruire, et qui d'ailleurs » a fort peu d'intérêt. » A la bonne heure ; mais on nous permettra de ne pas conclure d'une pareille explication que le cœur de saint Louis ne puisse se trouver sous le maître autel de la Sainte-Chapelle.

Les recherches dont je viens de soumettre le résultat à l'Académie n'auront pas été vaines si l'on en tire la conséquence rigoureuse que le cœur de Louis IX a été conservé, qu'il a été rapporté en France, et que tout semble nous inviter à croire qu'il fut déposé dans la Sainte-Chapelle. Le rapport fait au ministre par notre savant confrère, directeur des archives du royaume, offrait des conclusions exactement opposées, et si M. Letronne avait cru pouvoir substituer le doute à la négation la plus rigoureuse, je me serais gardé d'intervenir dans la discussion. D'ailleurs, il ne s'agit pas, comme on semble le craindre, d'inquiéter la conscience et la foi des chrétiens et des bons Français, en réclamant pour l'objet découvert les honneurs publics qu'on serait heureux de rendre au cœur de saint Louis. L'Église, en matière de culte, ne doit pas se contenter d'inductions et de probabilités, quels que soient leur exactitude et leur nombre. Il lui faut des témoignages précis, des actes pour ainsi dire palpables ; et ces preuves, ces témoignages ne sont pas encore à notre disposition. Mais pourquoi nous ferions-nous scrupule de déclarer que nous espérons fermement de l'avenir ce que le présent ne nous accorde pas ? Une lettre contemporaine, quelques vers d'un jongleur, quelques mots d'une charte, d'un inventaire ou d'une chronique, la découverte surtout du premier testament de saint Louis, peuvent nous apporter la démonstration que nous jugeons indispensable. Que l'objet de tant de fervente sollicitude soit en attendant exposé, sous verre, dans un de nos Musées ou dans la Bibliothèque du roi, jusqu'au moment où la Sainte-Chapelle, ce chef-d'œuvre de l'art du xiii⁰ siècle, sera rendue au culte. Et si l'opinion de MM. Le Prévost, Taylor, Dubeux et Berger de Xivrey n'a pas alors reçu la sanction d'un témoignage authentique, que le cœur soit pieusement remis à son ancienne place, qu'il n'y soit plus jamais troublé ; et qu'il reste seulement un faible souvenir de la discussion soulevée de notre temps à l'occasion de son exhumation involontaire.

NOTES AJOUTÉES AU MÉMOIRE.

Nota *A.*

Camus avait été, comme on sait, un des républicains les plus ardents de la Convention nationale. Il conserva la direction des archives jusqu'à sa mort, arrivée en 1804. Son successeur dans ce poste éminent fut un autre républicain justement illustre à titres nombreux et divers, M. Daunou qui, d'ailleurs, ne comprenait guère mieux que Camus le culte ou seulement l'intérêt des souvenirs de notre ancienne et glorieuse monarchie. La Restauration eut, en 1815, le bon esprit d'éloigner M. Daunou des archives, en lui donnant, comme un dédommagement honorable et justement mérité, la direction du *Journal des savants* et la chaire d'histoire ancienne au Collége de France. Les *Archives du royaume* furent alors confiées à M. de la Rue, jusqu'en 1830 qu'elles furent rendues à M. Daunou. Après la mort de ce dernier, on les a données à notre savant helléniste M. Letronne.

Nota *B.*

Les Chroniques de Saint-Denis copient ici la traduction française de Guillaume de Nangis; mais le texte latin mérite également d'être cité, parce qu'il justifie ce que nous dirons plus bas des raisons qui firent déposer dans la terre chrétienne la plus voisine les entrailles de saint Louis. « Cujus corporis interiora trahentes ministri talis officii, quia diu propter sui putrefactionem deferri non possent, in quadam villæ ecclesia, ea, more debito, terræ tradiderunt. » (Hist. de France, XX, p. 482.)

Nota *C.*

On a fait pourtant une objection, fondée sur ce que le cœur de Louis VIII n'avait pas été conservé en 1224. Je me contenterai d'avouer ici qu'en effet aucun historien n'a mentionné cette séparation; voilà pourquoi je n'en ai pas parlé. C'est, au contraire, parce que Geoffroi de Beaulieu, Thibaud de Champagne et les deux chroniqueurs anonymes véritablement contemporains ont attesté la conservation du cœur de saint Louis et son embaumement en 1270, que je me suis cru en droit de regarder ce fait comme incontestable.

Nota *D.*

Il n'y a pas d'incertitude sur le sens de cette phrase dans Geoffroi de Beaulieu. Les religieux devaient reconduire le corps du roi en France; mais la réflexion modifia ce premier arrangement, et Philippe-le-Hardi crut devoir lui-même ramener la dépouille mortelle de son père. M. Letronne, par suite d'une grande préoccupation, soutient que l'armée s'opposait uniquement au départ du cœur pour la Sicile. Dans cette hypothèse, le roi aurait d'abord feint de céder au vœu public en ne laissant partir que les *saules* entrailles; mais, à trois mois de là, il serait encore venu porter le cœur de son père dans l'église sicilienne. Remarquez bien qu'il ne reste pas la moindre trace de cette deuxième translation, et que pour en compléter l'invraisemblance il faut supposer que le cœur, d'abord séparé, aurait été définitivement confondu avec les entrailles. Ne voilà-t-il pas un admirable moyen de concilier Geoffroi de Beaulieu et le roi de Navarre? Et parce que je ne pouvais partager cette manière de voir, fallait-il m'accabler d'injures?

M. Letronne a développé ces idées nouvelles depuis la publication des sentiments de M. Le Prévost; il a fait alors une dissertation particulière tendant à prouver : 1° que la lettre de Thibaud de Navarre était de Thibaud de Navarre; 2° que cette lettre était réellement adressée à l'évêque de Tusculum; 3° que cet évêque était Othon (ou mieux Eudes) de Châteauroux; 4° enfin, que la lettre de Thibaud justifiait parfaitement le passage de Geoffroi de Beaulieu. Cette dernière proposition appartient bien réellement à M. Letronne; mais il y avait longtemps que Mathieu Paris avait mis hors de doute l'authenticité de la lettre; et Tillemont, dans l'*Histoire de saint Louis*, M. Daunou, dans l'*Histoire littéraire*, tome xix, l'avaient citée, l'avaient appréciée de la manière la plus exacte du monde. Il est donc permis de craindre que les bons raisonnements de M. Letronne à ce propos n'ajoutent pas un grand éclat à la réputation de sagacité que d'autres travaux lui ont justement acquise.

NOTE E.

M. Natalis de Wailly a cependant essayé de rétablir la sincérité des dix derniers chapitres de Geoffroi de Beaulieu. Mais comme je n'ai pas changé un seul mot au travail que j'ai lu devant l'Académie, on en conclura sans doute que l'on n'a pu me réfuter convenablement en justifiant l'authenticité des derniers chapitres sur celle des premiers. En effet, j'avais remarqué que, pour donner à l'ouvrage demeuré imparfait une forme arrêtée, on avait pu juger à propos d'y coudre un préambule et d'y joindre une conclusion. Ce préambule de Geoffroi embrasserait les cinq premiers chapitres, la conclusion les dix derniers. Le reste offrant des détails confidentiels, tels qu'avait pu les demander le pape, tels qu'avait pu les donner Geoffroi, et le préambule, comme la conclusion, pouvant se détacher du reste de l'ouvrage sans le moindre effort, je n'ai pas voulu donner plus d'extension à mon scepticisme. C'est là ce que je pourrai faire une autre fois.

M. de Wailly s'est encore donné beaucoup de mal pour trouver combien de fois Louis IX était appelé *sanctus rex* dans le corps de l'ouvrage. Je me suis contenté d'objecter l'épithète de *beatus*, qu'on chercherait vainement avant les chapitres controversés. Il faut à mon avis tenir compte de la nuance qui existe entre *sanctus rex* et *beatus rex* : car c'est au Saint-Père que Beaulieu, en 1273, est censé parler, au Saint-Père qui demandait à être éclairé sur les droits du roi défunt à la béatification. Était-il convenable de désigner en ce temps-là Louis sous le titre de *beatus rex* ? Je ne le pense pas. Que cette preuve ne soit pas suffisante pour justifier le doute, j'y consens; mais elle n'est pas seule, c'est même la moins forte de toutes.

Note F.

M. de Wailly ne trouve ici rien d'embarrassant. Ou Geoffroi de Beaulieu, pense-t-il, a eu le temps de s'arrêter en Sicile en retournant en France ; ou bien il sera revenu en Afrique, et il aura séjourné en Sicile avec le roi Philippe-le-Hardi, dans les mois de décembre et de janvier. Voici ma réponse :

Les entrailles de saint Louis ne furent pas envoyées en Sicile avant le 10 ou le 12 septembre. Cela ressort de la concordance des lettres de Pierre de Condé et de Philippe-le-Hardi. Le premier écrivait le 7 septembre : « Je ne vous » donne pas de nouvelles de la cour ; ceux que l'on charge de reporter en » France le corps du roi vous en donneront. Mais comme j'achevais la trans- » cription de ces mots, voilà que l'on m'apprend que le départ du corps » royal pour la France est retardé et qu'il n'aura lieu que le 12. » (*Spicileg.*, tom. III, p. 667.) C'est par conséquent dans l'espace écoulé entre le 7 septembre et le 12 que Philippe-le-Hardi prit le parti de garder le corps et de le séparer des intestins. Les intestins ne purent donc être envoyés avant le 10 ou le 12 septembre en Sicile, et comment Geoffroi de Beaulieu, chargé d'une mission fort pressée, arrivant par conséquent au plus tard le 13 ou le 14 en vue de la Sicile (en supposant qu'il n'eût pas fait route directe vers la France, ce qui est peu probable), ne serait-il pas arrivé à temps pour assister à la cérémonie de Montréal ? Pressé comme il l'était, comment n'y serait-il arrivé que long- temps après ? J'en appelle aux personnes dont le jugement est impartial. Qu'elles lisent le texte de Geoffroi de Beaulieu et qu'elles décident.

Mais il aura pu se rendre en France et retourner aussitôt en Afrique ? Oui, sans doute ; mais son retour s'accorderait on ne peut plus mal avec ce que nous savons des circonstances de son départ. Quoi ! dans son livre il n'au- rait pas distingué sa deuxième traversée de la première ? Il n'aurait pas dit : *Quand nous revînmes pour la seconde fois !* Il aurait omis de parler de l'im- portante mission dont il avait été chargé ! Cependant voyez quelle merveil- leuse diligence il eût faite : non-seulement il eût remis les lettres du roi, mais il eût accompli un grand et long voyage dans les provinces de France, afin d'y faire dire partout des prières pour le repos de l'âme de saint Louis, du *beatus rex.* La lettre de Philippe-le-Hardi, en date du 12 septem- bre, est encore ici positive : « Sanè, juxta prædicti piissimi patris nostri su- » premæ voluntatis arbitrium humiliter postulantis, ut post ejus obitum mit- » teretur ad personas et loca religiosa per regnum pro suffragiis orationum, » ... ecce *ad diversa regni loca*, propter hoc, dilectos nostros viros religiosos, » fratrem Gaufridum de Belloloco et Guillelmum Carnotensem de ordine » Prædicatorum, — latores præsentium..... destinamus. » (André Duchesne, *Script. Franc.*, tom. V, p. 441.)

Reste une troisième hypothèse que M. de Wailly ne s'est pas refusée. Pour- quoi un terrible orage n'aurait-il pas retenu sur les côtes de Sicile les messa- gers du roi de France ? Il n'y a pas d'historien qui nous assure qu'il n'y ait pas eu d'orage. J'avoue sur ce point le silence des historiens : cette sup- position est même encore plus dans l'ordre des choses possibles que la fameuse malice attribuée par M. Letronne à Pierre de Montreuil ; mais enfin il ne se- rait pas mal à propos d'appuyer des faits de ce genre sur quelque semblant de témoignage historique. On ne l'a pas fait.

Nota G.

A cette preuve de supposition, la plus forte de toutes, M. de Wailly répond que le procès-verbal des miracles avait été précédé de plusieurs autres informations. Mais Beaulieu parle ici bien nettement non pas d'information, mais de livre rédigé, de procès-verbal connu et réputé authentique. Or ce recueil fait sous les auspices de l'abbaye de St.-Denis ne fut publié qu'en 1283. « Ces miracles ont esté enquises solempnellement en l'abbeïe monseigneur saint Denis en France, par peres et seigneurs honorables Guillaume, arcevesque de Roen, par Guillaume, evesque d'Aucerre, et par Rolant, evesque de Spoleta, de l'autorité de la court de Rome, en tems de sainte memoire Martin le quart. Et fu commencée celle enqueste en l'an de l'inc. 1282 jusques à 1283. » (Hist. de France, t. xx, p. 122.) Nous prions d'ailleurs M. de Wailly de répondre aux questions suivantes :

1° Si Geoffroi de Beaulieu, mort en 1274, pouvait alléguer alors un livre fidèlement transcrit dans l'abbaye de Saint-Denis, et renfermant une série de miracles parfaitement prouvés, comment Nicolas III, pape de 1277 à 1280, déclarait-il que s'il connaissait deux ou trois miracles avérés de Louis IX, il le canoniserait? « Ita erat nota sibi vita istius sancti, quod si vidisset duo » vel tria miracula, eum canonisaret. » (Sermon de Boniface VIII, *apud* Duchesne, v, p. 484.)

Sous Martin IV, de 1283 à 1285, trois prélats désignés par le saint Siége interrogèrent des témoins et envoyèrent en cour de Rome le procès-verbal des interrogatoires qu'ils avaient fait subir. Ce procès-verbal, comme l'atteste Boniface VIII, ne peut remonter au temps de Geoffroi de Beaulieu, puisque Martin IV l'avait fait rédiger. Et d'ailleurs Boniface VIII n'ajoute-t-il pas : « Cum ante mortem Martini non fuisset facta relatio negotii, pervenit tandem » ad tempora domini Honorii (1285 à 1289). Tunc lecta sunt plura miracula, » et coram fratribus nostris cardinalibus diligenter discussa. »

2° Si dès l'an 1274 Matthieu de Vendosme, abbé de Saint-Denis, fit rédiger le recueil des miracles de saint Louis, comment les chroniques de saint Denis, faites sous les yeux du même Matthieu de Vendosme, disent-elles, sous la date de 1282 : « En cele saison commença saint Loys à faire miracles en » France ? »

3° Si le livre de Beaulieu, rédigé par l'ordre d'un pape, fut réellement composé et achevé, si l'on y attachait une foi irréfragable, pourquoi Joinville ne l'invoque-t-il pas une seule fois? Pourquoi le confesseur de la reine Marguerite, auteur d'une vie de saint Louis bien plus authentique, ne l'invoque-t-il pas une seule fois? et, bien plus, pourquoi n'est-il pas cité dans la longue énumération faite par Boniface VIII de tous les moyens que la cour de Rome avait employés pour garantir la sainteté du roi, la vérité de ses miracles? Un tel ouvrage, commandé par le saint Siége et rédigé par un témoin oculaire ne méritait-il pas la considération du saint Siége? Cette dernière réflexion, me dira-t-on, porte atteinte à l'authenticité de tout l'ouvrage: mon Dieu, cela ne me regarde pas ; je ne me suis pas chargé de plaider la cause de Beaulieu.

4° Enfin, si le livre des miracles de saint Louis fut rédigé dès 1274, dans l'abbaye de Saint-Denis, comment Guillaume de Nangis, moine de Saint-Denis, qui certainement écrivit son ouvrage longtemps après, ne cite-t-il pas ce recueil et se contente-t-il de rapporter six miracles dont il aurait lui-même vérifié les circonstances ?

Note *H.*

Ici l'apologiste de Geoffroi de Beaulieu justifie avec quelque raison son auteur favori. Il remarque que Geoffroi n'est pas le seul qui ait fait arriver Charles d'Anjou précisément à l'instant de la mort de saint Louis. En effet, Pierre de Condé écrivait, le 7 septembre 1270 : « Eadem hora eodemque » momento applicuit dominus Siciliæ rex, nec licuit ei loqui cum fratre suo, » quia jam exspiraverat quando venit ad castrum suum. Et cum eum mor- » tuum inveniret, flens amarè, procedens ad pedes defuncti et dicta oratione, » cum effusione lacrymarum multa, proclamans : *Domine mi! frater mi!* » deosculatus est pedes ejus. » Ce récit vaut mieux que celui du faux Beau- lieu, qui pourtant a pu se contenter de le suivre.

Note *I.*

Voici le secret de cette contradiction : M. Letronne, dans son *Rapport au ministre*, n'avait rappelé d'autre autorité contraire à la phrase de Geoffroi de Beaulieu que « celle d'un moine anonyme dont l'époque était tout-à-fait » inconnue. » L'assertion de ce moine lui paraissait donc *tout-à-fait unique.* Mais, depuis les lettres si remarquables de M. Auguste Le Prévost, M. Letronne avait (dans un tirage à part, distribué, non pas au ministre, mais au public) supprimé les mots *tout-à-fait unique* et ajouté la phrase relative à la lettre du roi de Navarre. C'est M. Berger de Xivrey qui vient de donner malicieusement le secret de cette double rédaction.

Note *J.*

A l'evesque de Tusculum. Les manuscrits que nous possédons de cette lettre portent la leçon fautive de *Tunes*, qu'il ne faut pas prononcer *Tunesse*, comme le voulait M. Letronne, par la raison assez chimérique de la présence de l'accent grave sur la dernière syllabe, dans la leçon qu'il avait consultée. Je doute même que M. Letronne découvre un grand nombre de ces accents graves dans les chartes françaises des archives du royaume dont il a la direction.

Note *K.*

Remarquez le mot *apporté*, qui ne force pas à penser que le cœur fut *laissé* à Saint-Denis. C'est ainsi que le cœur de Philippe-le-Hardi avait été d'abord *apporté* dans la même église.

Note *L.*

J'aurais bien des choses à dire sur l'ancien désordre des archives de la Sainte-Chapelle ; mais c'est un travail que je réserve pour un autre temps. Qu'il me suffise de dire ici que plusieurs reliques précieuses avaient été, dès le xiv⁰ siècle, enlevées du trésor de cette église, et que, dans le nombre, il en est dont l'entrée n'avait jamais été mentionnée. Voici, par exemple, ce que me fournit un inventaire original rédigé sous le règne de Charles V :

« . . . . . Item unus coffretus de corio, continens plura frusta pannorum »lineorum putrefactorum, et videntur esse de sepultura alicujus sancti. Item »solebat esse unus alius verosimilis coffretus in quo erant reliquiæ de pede et »de osse spatulæ beati Ludovici in quodam vasculo cristallino, et hoc defecit »pro tempore dicti Buchet.

» . . . . . Item un autre angelot portant de la relique saint Loys de France »qui deffaut à présent. Et fut emblé   et remis par le roy à messire Pasquier »de Macy, auquel il fut emblé. » (Ce dernier alinéa est radié.)

9 782013 486163